Juan Ruiz de Alarcón

El tejedor de Segovia

Barcelona **2024**
Linkgua-ediciones.com

Créditos

Título original: El tejedor de Segovia.

© 2024, Red ediciones S.L.

Diseño de cubierta: Michel Mallard.

ISBN rústica: 978-84-9816-296-7.
ISBN ebook: 978-84-9897-252-8.

Cualquier forma de reproducción, distribución, comunicación pública o transformación de esta obra solo puede ser realizada con la autorización de sus titulares, salvo excepción prevista por la ley. Diríjase a CEDRO (Centro Español de Derechos Reprográficos, www.cedro.org) si necesita fotocopiar, escanear o hacer copias digitales de algún fragmento de esta obra.

Sumario

Créditos _____ 4

Brevísima presentación _____ 7
   La vida _____ 7

Personajes _____ 8

Jornada primera _____ 9

Jornada segunda _____ 49

Jornada tercera _____ 91

Libros a la carta _____ 135

Brevísima presentación

La vida

Juan Ruiz de Alarcón y Mendoza (1581-1639). México.
Nació en México y vivió gran parte de su vida en España. Era hijo de Pedro Ruiz de Alarcón y Leonor de Mendoza, ambos con antepasados de la nobleza. Estudió abogacía en la Real y Pontificia Universidad de la Ciudad de México y a comienzos del siglo XVII viajó a España donde obtuvo el título de bachiller de cánones en la Universidad de Salamanca. Ejerció como abogado en Sevilla (1606) y regresó a México a terminar sus estudios de leyes en 1608.
En 1614 volvió otra vez a España y trabajó como relator del Consejo de Indias. Era deforme (jorobado de pecho y espalda) por lo que fue objeto de numerosas burlas de escritores contemporáneos como Francisco de Quevedo, que lo llamaba «corcovilla», Félix Lope de Vega y Pedro Calderón de la Barca.

Personajes

Bandoleros
Camacho, bandolero
Cornejo, bandolero
Criados
Chichón, gracioso
Don Fernando Ramírez (Pedro Alonso), galán
Don Juan
Doña Ana Ramírez, dama
El Conde don Juan, galán
El Marqués Suero Pelaez, viejo
El rey don Alfonso, viejo
Fineo, criado
Florinda, criada
Garcerán de Molina, galán
Jaramillo, bandolero
Presos
Teodora, dama
Un Alguacil
Un Bastonero
Un Caminante
Un Paje
Un Ventero, vejete
Un Villano
Villanos

Jornada primera

(Salen el Conde, don Juan, Fineo y criados, de noche.)

Fineo
    Ésta que miras, señor,
    es la casa.

Conde
    ¡Humilde choza
    para hermosura que goza
    los despojos de mi amor!

Fineo
    Tú, pues a honrarla te inclinas,
    engrandeces su humildad
    y su fortuna.

Conde
    Llamad.

Fineo
    ¿En efeto determinas
    entrarla a ver?

Conde
    Sí, Fineo.
    No sufre más dilación
    esta amorosa pasión
    en que se abrasa el deseo.

Fineo
    Mira a lo que te dispones,
    siendo tu padre el privado
    del rey; que con más cuidado
    notan todos tus acciones.

Conde
    Consejos me das perdidos,
    cuando estoy de amor tan ciego,
    que si el alma toca a fuego,
    solo tratan los sentidos

        de librarse de la llama,
que en Etna convierte el pecho,
sin atender al provecho,
a la razón ni la fama.
        Bien sé el lugar de que gozo
y a lo que obliga esa ley;
mas cuando esto sepa el rey,
también sabe que soy mozo.
        A mi padre solo toca
el gobierno; y siendo así,
pues no soy ministro, en mí
no es tan culpable y tan loca
        esta acción, que estando ciego,
por no dar qué murmurar,
me obligue a no procurar
el remedio a tanto fuego.

Fineo   ¿De una vista te cegó?

Conde   Tanto, que a no estar presente
en la audiencia tanta gente
cuando ella a mi padre habló,
        hiciera allí mi locura
estos excesos que ves,
y arrodillado a sus pies
adorara su hermosura.
        Mucho hice, pues allí
tuve en prisión mi deseo.
En confianza, Fineo,
de tu cuidado y de ti,
        mandéte que la siguieras;
hicístelo, hasme informado
que aumenta su libre estado
el número a las solteras.

           Siendo así, ni han de tener
           por desigual este exceso,
           ni se recela por eso
           mi privanza y mi poder.

Fineo   Sí; mas pudieras, señor,
           pues que no es mujer de suerte,
           hacer que ella fuese a verte.

Conde   ¡Qué poco sabes de amor!
              Mira, en comenzando a amar,
           a estimar también se empieza;
           y al estimar la belleza
           se sigue el desconfiar.
              En esta casa, Fineo
           un alcázar miro ya;
           la mujer que dentro está
           es ya reina en mi deseo.
              Apenas empecé a amar,
           cuando comencé a tener
           por humilde mi poder,
           por imposible alcanzar.
              Mira si podré, Fineo,
           mostrar desprecio en llamarla,
           pues aun viniendo a buscarla
           pisa medroso el deseo.
              Llama.

Fineo   Obedecerte quiero.

(Da golpes en la puerta.)

Conde   Eso, Fineo, es servir;
           que el criado ha de advertir;

          mas no ha de ser consejero.

(Sale Teodora, a una ventana.)

Teodora   ¿Quién es?

Conde   Un hombre que tiene,
          bella Teodora, que hablarte.

Teodora   ¿De qué parte?

Conde   De mi parte.

Teodora   Y, ¿quién sois?

Conde   No me conviene
          decirlo a voces, Teodora;
          abrid la puerta, y veréis
          quién soy.

Teodora   Perdonar podéis;
          porque es imposible agora.

(Quítase de la ventana.)

Fineo   Oye. ¡Ventanas y oídos
          cerró de una vez!

Conde   Fineo,
          o he de lograr mi deseo,
          o de perder los sentidos.

Fineo   Pues, señor, mal se concierta
          estar loco y ser prudente.

                        Entremos por fuerza.

Conde   Tente;
                        que pienso que abren la puerta.

Fineo   Un hombre sin capa es
                        el que sale.

Conde   Pues, Fineo,
                        examinarle deseo.

Fineo   El temor o el interés
                        le harán decir la verdad.

(Sale Chichón, sin capa y con un jarro.)

Fineo   Hidalgo...

Chichón (Aparte.)   (¡Triste de mí!
                        La justicia estaba aquí.)
                        ¿Quién es?

Fineo   Quien puede. Llegad.

Conde   ¿Adónde vas?

Chichón   Yo, señor,
                        voy por vino, como ves,
                        para mi amo.

Conde   ¿Quién es?

Chichón   Pedro Alonso, un tejedor,
                        de quien yo soy aprendiz.

13

Conde   ¿Es galán de esa mujer?

Chichón   O lo es o lo quiere ser.

Conde (Aparte.)   (¡Hay hombre más infeliz!)
                          Di tu nombre.

Chichón   Yo me llamo
                     Chichón.

Conde   Vete enhorabuena.

Chichón (Aparte.)   (Pienso que ha de hacer la cena
                    hoy mal provecho a mi amo.)

(Vase Chichón.)

Fineo   ¿Qué determinas, señor?

Conde   Que llames, fingiendo ser
                    este mozo, entrar y hacer
                    que se vaya el tejedor,
                      y aun darle la muerte.

Fineo   ¡Oh, cielos!
                   Mira...

Conde   A furia me provoco.
                    Si de amor estaba loco,
                    ¿qué será de amor y celos?
                      Un hombre bajo, ¿ha de hacer
                    competencia a mi afición?

Fineo	Por esa misma razón
has de mudar parecer;
que dice cierto entendido
que no puede querer bien
a la mujer, si también
no le enamora el marido.
Considera un tejedor
muy barbado, que está agora
gozando de tu Teodora,
y perderás el amor.
Conde	Considera tú un abismo
en que peno ardiente y ciego,
y verás cómo mi fuego
se aumenta con eso mismo.
Llama. Acaba ya; que el pecho
se abrasa en loco furor.
Fineo	¡Oh, duro imperio de amor!

(Llama. Sale Teodora, a la ventana.)

Teodora	¿Quién es?
Fineo	Chichón.

(Quítase Teodora de la ventana.)

                              Esto es hecho.

Conde	El rostro tendré cubierto.
Tú lo puedes disponer
sin que me dé a conocer.

(Rebózase.)

Fineo — Es cordura. Ya han abierto.

Conde — Entremos, pues.

(Sale Teodora con un candil, y don Fernando en cuerpo, con espada y broquel, a lo valiente.)

Teodora — ¡Ay de mí!
¿Quién es?

Fineo — No os alborotéis;
que amigos son los que veis.

Fernando — Y, ¿qué pretenden aqui,
 caballeros, a tal hora,
teniendo dueño esta casa?

Conde (Aparte.) — (Ya la cólera me abrasa.)

Fineo — Que dejéis sola a Teodora.

Fernando — Por Dios, hidalgos, que vienen
de mí muy mal informados.
Adviertan, si son honrados,
la poca razón que tienen;
 pues aunque me hubiera hallado
acaso aquí, me obligara,
teniendo barba en la cara
y ciñendo espada al lado,
 la ley del mundo a no hacer
semejante cobardía.
Pues si esta mujer es mía,

	y si mi esposa ha de ser,
	¿cómo la puedo dejar
	sin morir primero yo?

Fineo   Y quien también se empeñó,
                 comenzándolo a intentar,
                    ¿cómo con su obligación,
                 desistiendo agora de ello,
                 cumplirá?

Fernando   Rindiendo el cuello
                 al yugo de la razón,
                    pues es la hazaña mayor
                 vencerse a sí.

Conde (Aparte.)   (¿Que te pones
                 a argumentos y razones,
                 cuando estoy loco de amor?
                    Hazle al punto resolver
                 a que se vaya, sin dar
                 a más réplicas lugar.)

Fineo   Pedro Alonso, esto ha de ser.

Fernando   No ha de ser.

Fineo   Solo pudiera
                 responder así un señor,
                 mas no un bajo tejedor.

Fernando   Y solamente pudiera
                    lo que aquí habéis intentado
                 tan contra razón y ley,
                 quien fuera un tirano rey

	o muy gran desvergonzado.
Fineo	¡Villano...!
Teodora (Aparte.)	(¡Triste de mí!) ¡Tened, por Dios! ¡Escuchad!
Fernando	¡Vive Dios!...
Conde (Aparte.)	(Mi autoridad es ya menester aquí.) ¡Pedro Alonso, deteneos, que estoy aquí yo!

(Descúbrese.)

Fernando	¿Es el Conde?
Conde	El Conde soy.
Fernando	¿Corresponde a los heroicos trofeos de vuestra sangre esta hazaña?
Conde	¡Basta, atrevido! ¿Qué es esto? ¿A mí me habláis descompuesto? ¿Qué confianza os engaña? ¡Idos al punto!
Fernando	¡Señor!
Conde	¡Idos, villano! ¡Acabad!
Fernando	¡Tratadme bien, y mirad

	que soy, aunque tejedor,
	tan bueno...
Conde	¡Qué atrevimiento!
	¿Eso me decís a mí?
(Dale un bofetón.)	¡Matadle!
Teodora	¡Ay, cielo!
Fernando	¡Hasta aquí
	ha llegado el sufrimiento!

(Sacan las espadas.)

Teodora	¿Hay mujer más desdichada?
Conde	¡Muera!

(Acuchíllanse.)

Fernando	Presto habéis de ver
	que no gobierna el poder,
	sino el corazón, la espada.

(Retíralos a todos y va tras ellos.)

Criado (Dentro.)	¡Muerto soy!
Teodora	¡Triste! ¿Qué haré?

(Sale Chichón, con el jarro.)

Chichón	Teodora, ¿qué confusión
	y ruido es éste?

Teodora	Chichón, mi desdicha sola fue la que ha podido causarlo. Llévame al punto de aquí; que hay gran mal.
Chichón	Luego lo vi; mas no pude remediarlo. ¿Adónde te he de llevar?
Teodora	A casa de algún amigo, donde el rigor y el castigo del Conde pueda evitar.

Chichón	No sé adónde, porque es cosa
	de gran peligro poner
	la moza en otro poder.
	Y el verte a ti tan hermosa
	  me da mil desconfianzas;
	que estando a solas contigo,
	no hay amigo para amigo,
	las cañas se vuelven lanzas;
	  mas embajador me llamo.

Teodora	Bien dices.
Chichón	Allí segura, la desdicha o la ventura aguardarás de mi amo.
Teodora	Vamos.
Chichón	¡Bien hayan, amén,

             los primeros inventores
             de casas de embajadores
             para bellacos de bien!

(Vanse Teodora y Chichón. Salen Garcerán, preso, y don Juan.)

Juan   Digo que, a mi parecer,
                la verdadera ocasión
                que os tiene en esta prisión
                no es la que os, dan a entender;
                   causa tiene superior,
                y para encubrirla, dan
                al agravio, Garcerán,
                que os hacen, esta color.

Garcerán   ¡Ay de mí, que bien lo entiendo!
                Bien sé, triste, que Clariana
                es la causa soberana
                del mal que estoy padeciendo.
                   Bien sé que en tenerme aquí
                es el intento matarme;
                porque siendo quien soy, darme
                la cárcel pública a mí
                   por prisión, no se me esconde
                que es rigor, furia y venganza.

Juan   De su padre la privanza
                da tanta soberbia al Conde,
                   que sus celosos enojos
                quiere vengar como agravios.

Garcerán   Hallé hechizos en los labios,
                hallé encantos en los ojos
                   de aquella aldeana bella,

        injuria del Sol; robóme
el alma, don Juan; hallóme
el Conde hablando con ella;
        sus celos y su afición
disimuló; mas al punto
le vi, en el color difunto
de la cara, el corazón;
        y quiere dar fin aquí
a sus celos con mi vida,
bien lograda, si perdida,
bella Clariana, por ti.

Juan	Garcerán, esa fineza es de caballero andante. Lo preciso y lo importante es mirar por la cabeza.
Garcerán	¿Cómo?
Juan	Buscando algún modo con que esta borrasca, huyendo, evitéis; que al fin, viviendo se vence y se alcanza todo.

(Don Fernando, por otra parte, con grillos, y con ganfiones en los pulgares; Garcerán y don Juan hablan bajo, sin reparar en los recién venidos.)

Fernando	¿Siéntelo mucho Teodora?
Chichón	De suerte, que a ser de vino sus lágrimas, diera abasto a todos los retraídos.
Fernando	¡Mal haya su pretensión,

	y mal hayan los servicios
de su padre, que la hicieron
hablar para daño mío
al Marqués! ¡Que allí el amor
del Conde tuvo principio!
Chichón	Da en decir que quiere hablar
por ti al Conde.
Fernando	¿Tal ha dicho?
¿Quiere comprar con mi ofensa
la gracia de mi enemigo?
Daréle mil puñaladas
—¡vive el cielo!— si averiguo
que otra vez toma en la boca
su nombre.
Chichón	¿Tienes juicio?
Cuando te ves con ganfiones
las manos, los pies con grillos,
¿echas retos?
Fernando	¿Luego tú
por ventura has entendido
que he de estar preso mañana?
Chichón	Antes, señor, imagino
que saldrás libre a dar higas
a todos tus enemigos;
mas daráslas con la lengua,
hecho en el aire racimo.
Fernando	¡Calla, necio! Tráeme tú
dos cordeles y un martillo;

	que en cas del embajador he de amanecer contigo.
Chichón	¿Cómo?
Fernando	No preguntes cómo. Tráeme luego lo que pido, Chichón, y no me repliques.
Chichón	Voy por ello, y no replico.

(Vase Chichón.)

Garcerán	Esto me importa.
Juan	La vida arriesgaré por serviros, pues dicen que la prisión es toque de los amigos.

(Vase don Juan.)

Fernando	¡Señor Garcerán!
Garcerán	¿Qué es esto, Pedro Alonso? ¿Qué delito tan grave hicistes, que estáis con ganfiones y con grillos?
Fernando	¿No se lo ha dicho la fama?
Garcerán	No.
Fernando	Pues anoche me hizo

cierto señor un agravio,
con la ventaja atrevido
de tres que le acompañaban;
mas mi buena suerte quiso
que, dando muerte a los dos,
comenzase su castigo;
y si el socorro les tarda,
hago en los demás lo mismo.
Llovió luego sobre mí
más justicia que granizo
el Noto helado dispara
en el abrasado estío.
Prendiéronme, y sepultaron
mis pies en doblados grillos;
pidiéronme la patente
en su acostumbrado estilo
los presos avalentados
con privilegio de antiguos;
mas yo, con el remanente
del pasado furor mío,
con un mástil visité
los sesos a cuatro o cinco,
hasta que los bastoneros
acudieron al ruido,
y echándome estas prisiones
cesaron mis desatinos.

Garcerán ¡Caso extraño!

Fernando No se espante;
que un hombre honrado ofendido
es un toro agarrochado,
que en las capas, vengativo.
Los rigores ejecuta

               que en sus dueños no ha podido.
               Pero, señor Garcerán,
               ¿está vusted de peligro?
               ¿Es mortal la enfermedad
               que a este sepulcro de vivos
               le ha traído?

Garcerán   Ya la vida,
               según son los males míos,
               porque muera muchas veces,
               me conserva mi destino.

Fernando   Pues no se aflija, que yo,
               si vusted quiere, me obligo
               a ponerle en libertad
               antes que en blando rocío
               bañe los campos el alba.

Garcerán   ¿Burláisos?

Fernando   Esto que digo
               cumpliré. Su voluntad
               me diga, y a cargo mío
               deje lo demás.

Garcerán   Daréis
               la libertad a un cautivo,
               la vida a un muerto.

Fernando   Pues calle,
               y esta noche prevenido
               me aguarde en la enfermería.

Garcerán   Vuestro será mi albedrío

	y mi vida, si de vos,
	como decís, la recibo;
	y de mí podéis creer
	que hiciera por vos lo mismo;
	que me debéis afición
	después que os vi, porque miro
	en vuestro rostro una imagen,
	trasunto y retrato vivo
	de aquel infeliz Fernando
	Ramírez; que los dos fuimos
	los amigos más estrechos
	que han celebrado los siglos.
Fernando (Aparte.)	(¡Quién pudiera declararte
	secretos tan escondidos!
	Mas el secreto es forzoso
	donde es tan grande el peligro.)
	¿No es el que en Madrid hallaron
	muerto a puñaladas, hijo
	del noble Beltrán Ramírez,
	el que en público suplicio
	murió condenado, siendo
	de Madrid alcaide?
Garcerán	El mismo.
Fernando	Dios descubra la verdad;
	que la fama siempre ha dicho
	que dieron muerte al alcaide
	invidias, y no delitos.
Garcerán	Defendiendo esa verdad
	a dar la vida me obligo.

Fernando	Sois noble; y creed que en mí, si son mis hados propicios, no echéis menos a Fernando, si me queréis por amigo.
Garcerán	De ello os doy palabra y mano.
Fernando	Yo como debo lo estimo.

(Salen Camacho, Cornejo y Jaramillo, bandoleros.)

Camacho	Pues Pedro Alonso lo dice, y es su valor conocido, él saldrá con lo que intenta.
Cornejo	Camacho, lo mismo digo.
Jaramillo	Más vale salto de mata que rogar a estos ministros del infierno. Él está aquí.
Camacho	Hablémosle. ¡Pedro amigo!
Fernando	¡Oh, Camacho!
Camacho	Ya he tratado con Cornejo y Jaramillo, por quien se gobiernan todos los bravos, vuestro designio. Más de veinte están dispuestos a ayudaros y seguiros.
Fernando	Pues libertad, camaradas; que ayuda a los atrevidos

| | la Fortuna. Redimamos
| | el peligro con peligro;
| | que no han de estar tantos hombres
| | sujetos a dos puntillos
| | de una pluma, que cortando
| | los vientos, ensayos hizo
| | para cortar de las vidas,
| | como la Parca, los hilos.

Camacho   Lo mismo decimos todos.

Fernando   Solo me falta advertiros
           que busquen modo esta noche,
           los que quieran conseguirlo,
           de estar en la enfermería.

Camacho   Para los presos antiguos
           no es difícil, porque tienen
           oficiales conocidos.

Cornejo   Y los demás, con achaque
           de velar a Alonso Pinto,
           que está muriéndose,
           pueden fácilmente conseguirlo.

Fernando   Trácelo al fin cada cual;
           que yo, puesto que imagino
           que es imposible, conforme
           acriminan mis delitos,
           que fuera del calabozo
           me dejen esos ministros,
           si no hay precisa ocasión;
           con la traza que fabrico
           lo alcanzaré. ¿Tiene alguno

	de vosotros un cuchillo?
Camacho	Yo le tengo. Veisle aquí.

(Sácalo.)

Fernando	Pues en la cabeza, amigo, me dad una cuchillada; y fingiendo que he caído de esta escalera, mi intento con ese medio consigo, pues luego en la enfermería me han de poner.
Camacho	Peregrino, aunque cruel, es el medio.
Fernando	Antes piadoso, si evito con él de un fiero verdugo el inhumano suplicio. Acabad; que el golpe espero.
Camacho	Con vos agora ejercito, para excusar mayor daño de cirujano el oficio.

(Dale, y cae don Fernando.)

Fernando	¡Válgame el cielo!

(Sale un Bastonero.)

Bastonero (Dentro.)	¿Qué es eso?

Camacho	Pedro Alonso, que ha caído, de esa escalera. ¡Mal hayan tantos ganfiones y grillos!
Jaramillo	Mejor es matar a un hombre.
Cornejo	La cabeza se ha rompido.
Bastonero	Llévenlo a la enfermería.
Garcerán (Aparte.)	(Más valor tiene escondido, que de un tejedor se espera, este hombre; y a no haber visto mis ojos muerto a Fernando, afirmara que es él mismo.)
Cornejo (Aparte.)	(Demonio es el tejedor.)
Camacho (Aparte.)	(Tragóla el señor ministro.)

(Vanse todos. Salen el Conde y Fineo.)

Fineo	Gran escándalo ha causado en Segovia este suceso, y es sin duda que haber preso al tejedor te ha dañado.
Conde	Ni yo lo pude estorbar sin darme allí a conocer, ni los celos saben ser hidalgos en perdonar. Demás que es tan arrojado, tan valiente y atrevido, que libre y de mi ofendido,

  me pudiera dar cuidado.
   Mejor está, a toda ley,
donde pague su locura;
que si el pueblo me murmura,
como no lo sepa el rey,
   no importa; y su majestad,
como sabes, no da audiencia
a nadie sin mi presencia;
y el amor y voluntad
   que me tiene, me aseguran
de los que a su lado están,
pues solo gusto le dan
los que dármele procuran.
   Fuera de que el tejedor,
que conoce mi poder,
se ha de enfrenar, y temer
de la justicia el rigor,
   si declara que el acero
osó contra mí empuñar;
pues esto le ha de dañar
más que el homicidio fiero
   que cometió.

Fineo   Caso es llano.

Conde   ¿Cómo está Claudio?

Fineo   La herida
ha abierto puerta a la vida,
si no yerra el cirujano.

Conde   ¡Triste de él!

Fineo   ¡Triste de Arnesto,

     que sin confesión pagó
     pena que no mereció!
     Mas, dime, señor, con esto
      ¿hase aplacado el ardor
     del solícito deseo
     de Teodora?

Conde   No, Fineo;
     que no es tan cuerdo mi amor.
      Yo la he de gozar, o el llanto
     me ha de matar, según peno.
     La flecha trajo veneno,
     pues de una vez pudo tanto.

Fineo   Y Clariana, ¿qué diría
     si esto supiese?

Conde   De amor
     es incentivo el temor;
     la seguridad lo enfría.
      En nueva afición me enciendo;
     y no hay amor que posea,
     que no trueque al que desea,
     el bien que está poseyendo.

Fineo   Pues si no sientes perdella,
     ¿por qué en Garcerán, señor,
     te vengas con tal rigor
     de hallarle hablando con ella?

Conde   Ésa ha sido obligación,
     si no de amante, de honrado;
     que en amar a quien he amado
     ofendió mi estimación.

    Demás que entonces Clariana
era toda mi alegría;
que de Teodora aun no había
visto la luz soberana.
    Mas mi padre viene aquí.
Parte al punto, y con recato
sabe de aquel dueño ingrato
a quien el alma rendí.
    No vuelvas sin saber dónde
se oculta el bien por quien muero.

Fineo   Hallarla, señor, espero,
     si el mismo centro la esconde.

(Vase Fineo. Sale el Marqués.)

Marqués   Conde...

Conde   Señor...

Marqués   ¿Vos sabéis
     que sois señor?

Conde   Sé a lo menos
     que vos lo sois, y que soy
     vuestro hijo y heredero.

Marqués   Pues no, no está en heredarlo,
     sino en obrar bien, el serlo;
     que de esto solo resulta
     la estimación o el desprecio.
     Los señores son jueces,
     y los jueces nacieron
     para deshacer agravios,

Conde, que no para hacerlos.
¿Qué piensan vuestras locuras?
¿Qué esperan vuestros excesos
sino que todos os pierdan,
con justa causa, el respeto?
Por una mujer humilde
con hombre que tanto menos
vale que vos, ¿la opinión
y vida ponéis a riesgo?
Allá en hora mala, allá
con los moros de Toledo,
que contra Segovia intentan
pasar el nevado puerto,
mostrad esos fuertes bríos;
que quien tiene noble el pecho,
por su honor, por Dios y el rey
solo empuña el blanco acero.
¿Sabéis que el alto lugar
que os ha dado el que yo tengo
con el rey, está a la envidia
y a la emulación sujeto?
¿Sabéis acaso que basta
a la privanza un cabello
para tropezar? ¿Sabéis,
que en tropezando, es muy cierto
el caer, pues el privado
es árbol, a quien, derecho,
las ramas que le rodean
son adornos lisonjeros,
y en comenzando a caer,
las mismas que pompas fueron,
son todas peso que ayuda
a derribarlo más presto?
¿No os lo están diciendo a voces

mil historias, mil ejemplos?
¿No vistes vos a Beltrán
Ramírez mandar el reino,
y de la envidia después
en un teatro funesto,
los rayos de su privanza
en humo leve resueltos?
¿Pues qué confianza necia
os da loco atrevimiento
para irritar con agravios
justas venganzas del pueblo?
Está el otro con su dama,
y vos, airado y soberbio,
tras querérsela quitar,
¿le afrentáis? ¡Pluguiera al cielo
que como su injusto agravio
vengó en dos criados vuestros,
diera en vuestra misma vida
el riguroso escarmiento!

Conde   ¡Señor...!

Marqués   No me deis disculpa;
enmendad vuestros excesos,
o por la vida del rey
si no lo hacéis, de poneros
en un castillo, de donde
no salgáis hasta que el tiempo,
cubriéndoos de nieve el rostro,
os tiemple el ardor del pecho.

(Vase el Marqués.)

Conde (Aparte.)   (Con un loco en vano son

        amenazas ni consejos,
        mientras no me restituyas,
        hermosa Teodora, el seso.)

(Vase el Conde. Salen don Fernando, con un martillo y cordeles en la pretína; Garcerán, Camacho, Cornejo y Jaramillo, con luz.)

Fernando	Agora, amigos, que ocupa
	la noche en profundo sueño
	nuestros contrarios, despierten
	el valor nuestros intentos.
	¿Hay quien se atreva a romper
	estos ganfiones? ¡Cornejo,
	Camacho, probad las fuerzas!

(Hace fuerza Camacho para romper los ganfiones.)

Camacho	Romper el templado hierro
	con la fuerza de las manos,
	Pedro Alonso, es vano intento.
Fernando	¡Que no quisiese el alcaide,
	viéndome herido y enfermo,
	aliviarme las prisiones!
Camacho	Aun muerto, le daréis miedo.

(Prueba Cornejo.)

Cornejo	Lo mismo es batir con balas
	de cera muros de acero.
Camacho	Pues querer romperlo a golpes
	es malograr el deseo;

	que es forzoso que al ruido despierten los bastoneros.
Fernando	¡Pese a mí! Si tengo dientes, ¿por qué busco otro remedio? ¿Dos dedos han de estorbar que se libre todo el cuerpo?

(Muérdese los dedos, y arroja las esposas, y átanle unos paños.)

Garcerán	¿Qué habéis hecho?
Camacho	Hase arrancado los dos últimos artejos de los pulgares.
Garcerán	En vos otro Scevóla contemplo; mas los grillos...
Fernando	En los pies no importa el impedimento; que como yo pueda usar de las manos, no estoy preso. Dadme un cuchillo.
Camacho	Tomad.

(Dásele.)

Fernando	Quien de la hazaña que emprendo desistiere, se imagine con éste a mis manos muerto.

Cornejo	Todos quieren ayudaros, seguiros y obedeceros.
Fernando	Pues, amigos, levantad de las camas los enfermos; que poniendo unas en otras, hemos de llegar al techo; y rompiéndole una tabla con este martillo, haremos puerta, con que todos gocen, libres de prisión, el cielo; y estos cordeles después serán escalas del viento para bajar a la calle.
Garcerán	Comencemos, pues.
Fernando	Enfermo no ha de quedar, aunque esté oleado ya, que de ello pueda hacer la relación. Salga vivo o quede muerto quien no pudiere seguirnos.

(Vase don Fernando.)

Garcerán	Noche, ayude tu silencio contra injustas tiranías tan justos atrevimientos.

(Vanse todos. Salen Fineo y Chichón.)

Fineo	Los que a su provecho están atentos, solo han de ser

　　　　　　　　　　lisonjeros del poder.
　　　　　　　　　　Viva quien vence es refrán.
　　　　　　　　　　　El Conde, mi dueño, amigo,
　　　　　　　　　　pierde por Teodora el seso;
　　　　　　　　　　ya lo sabes, y por eso
　　　　　　　　　　hablo tan claro contigo.
　　　　　　　　　　　Ayer pusimos espías
　　　　　　　　　　en la cárcel, que te vieron
　　　　　　　　　　con Pedro Alonso, y siguieron
　　　　　　　　　　tus pasos cuando venías
　　　　　　　　　　　a cas del embajador,
　　　　　　　　　　de que colegí que esconde
　　　　　　　　　　esta casa el Sol que al Conde
　　　　　　　　　　tiene abrasado de amor.
　　　　　　　　　　　Ayúdale a conquistar
　　　　　　　　　　la voluntad de Teodora;
　　　　　　　　　　y porque la clara aurora
　　　　　　　　　　al mundo comienza a dar
　　　　　　　　　　　luces ya, si lo has de hacer,
　　　　　　　　　　llámala al punto; que quiero
　　　　　　　　　　hablarla, Chichón, primero
　　　　　　　　　　que nadie lo pueda ver.
　　　　　　　　　　　Y porque a obligarte empiece,
　　　　　　　　　　esta cadena te dé
(Dale una.)　　　　　señal del amor y fe
　　　　　　　　　　que el Conde por mí te ofrece.

Chichón　　　　　　　Por cierto que has predicado
　　　　　　　　　　tan eficaz, que imagino
　　　　　　　　　　que si te oyera Calvino,
　　　　　　　　　　hubiera su error dejado.
　　　　　　　　　　　Y el epílogo en un toro,
　　　　　　　　　　en un tigre, hiciera efeto,
　　　　　　　　　　pues cerró, como discreto,

        la oración con llave de oro.
          De tu palabra me fío,
        y del valor y el poder
        de tu dueño, para hacer
        tal deslealtad contra el mío;
          mas pues hoy ha de morir,
        yo, por no serle infiel,
        aquí me despido de él,
        y al Conde empiezo a servir.

Fineo   Y yo en su nombre, Chichón,
        te recibo; que de él tengo,
        en orden a lo que vengo,
        tan amplia la comisión,
          que lo que yo hiciere da
        por hecho.

Chichón   Llamemos, pues,
        a este aposento que ves;
        que en él aguardando está
          Teodora del tejedor
        los sucesos desdichados.

(Llama. Sale Teodora, a medio vestir.)

Teodora   ¿Quién está aquí?

Chichón   Dos criados
        son del Conde mi señor.

Teodora   ¿Es Chichón?

Chichón   Mi presunción
        a Chichón no te responde;

	que después que sirvo al Conde me llamo ya don Chichón.
Teodora	¿Al Conde sirves?
Chichón	Teodora, a ti debo esta ventura; tercero fue tu hermosura, porque yo lo fuese agora. 　Si te admiras de esto, fía que no soy solo el que ha dado para volar a privado plumas la alcahuetería. 　El Conde, al fin, mi señor, que ciegamente te adora, quiere hacerte gran señora, de dama de un tejedor. 　Pedro Alonso ha de ser hoy despojo vil de un verdugo.

(Salen don Fernando, Garcerán, Camacho, Cornejo, Jaramillo y otros presos.)

Fernando	¡Gracias a Dios, que le plugo librarnos!
Chichón (Aparte.)	(¡Perdido soy; que es Pedro, y si me ha escuchado, me mata. ¡Infeliz Chichón! Héme aquí quitado el don, y vuelto al primer estado.)
Teodora	¿Es posible que te veo libre ya?

Fernando   Teodora, sí.

Fineo (Aparte.)   (En gran riesgo estoy aquí.)

(Vase Fineo.)

Teodora   Yo te abrazo y no lo creo.

Fernando   Amigos, ya que ha querido,
con piedad tan generosa,
el cielo que a los intentos
los efetos correspondan,
conviene que consultemos
y resolvamos agora
el modo de conservarnos
en la libertad preciosa.
Y aunque nos parezca estar
seguros aquí, pues gozan
las casas de embajadores
exenciones tan notorias,
suelen por razón de estado,
cuando la quietud importa,
ellos mismos dar permiso
de que estos fueros les rompan;
y más siendo mi contrario
del rey la privanza toda,
a quien el embajador
hará mayores lisonjas.
Por esto, pues, y por ver
que es una especie penosa
de prisión el retraimiento,
pues la libertad estorba,
me parece que partamos
todos juntos de Segovia

                adonde nuestras hazañas
                den materia a las historias.
                Muchos somos, y serán
                muchos más los que por horas,
                medrosos de sus delitos,
                a seguirnos se dispongan.
                De los vecinos lugares,
                o por fuerza o por mañosa
                industria, los delincuentes
                sacaremos que aprisionan,
                y de todos formaremos
                un ejército que ponga
                temor a enemigas huestes,
                seguridad a las propias.
                Y ocupando a esa montaña
                la aspereza peñascosa,
                nos darán muros y torres
                sus inexpugnables rocas.
                Saltearemos caminantes,
                y las poblaciones cortas
                saquearemos de dineros,
                de bastimentos y joyas.
                Los agraviados podrán
                vengarse; que es cierta cosa
                que el tiempo dará ocasiones
                y la ventaja vitorias.

Camacho   Yo soy de ese parecer.

Cornejo   ¿Quién hay que no se disponga
                  a seguiros?

Jaramillo   Todos juntos
                  en lo mismo se conforman.

Chichón (Aparte.)	(¡Bueno es esto! ¡Vive Dios, que quieren echar la soga tras el caldero! Chichón, por aquí van a la horca.)
Fernando	Y vos, señor Garcerán, ¿qué decís?
Garcerán	Que a mí me importa proseguir otros designios, porque no soy dueño agora de mi libertad, que vive presa en la cadena hermosa del gusto de una mujer; y pues del amor no ignora vuestro pecho el duro imperio, no dudo yo que conozca que es ésta bastante causa. Pero ya que mi persona no os siga, creed que el alma, que se os confiesa deudora de esta vida, eternamente su obligación reconozca, y que si puede algún tiempo os lo muestre con las obras.
Fernando	De vuestra sangre lo fío.
Garcerán	Vuestras manos valerosas alcancen tanta ventura cuanto valor las informa.

(Vase don Garcerán.)

Chichón   Yo, señor, que a nadie he muerto,
                 y me hallo bien en Segovia,
                 y entré contigo a aprender
                 de tus manos tejedoras
                 a gobernar lanzaderas,
                 y no lanzas, quiero agora
                 hacer cuenta. Tú me has dado
                 tres ducados, que esto montan
                 tres meses que te he servido.
                 Hete quebrado una olla,
                 dos platos y un orinal;
                 para esto compré a mi costa
                 los cordeles y el martillo.

Fernando   ¡Traidor!

Chichón   El furor reporta.

(Huye hacia la puerta.)

Camacho   A la calle salió huyendo.

Chichón   Aquí sois muchos; si a solas
                 quieres reñir en la plaza
                 te aguardo junto a la horca.

Camacho   Segura estacada escoge.

(Vase Chichón.)

Fernando   Tratemos de lo que importa.
                 Elijamos capitán
                 a quien todos reconozcan;

                que sin cabeza no hay orden,
                y sin orden es forzosa
                la confusión y ruina,
                según muestran las historias.

Camacho   ¿Quién sino vos lo ha de ser?

Cornejo   ¿Quién puede haber que se oponga
                a vuestro valor?

Jaramillo   Ya todos
                por su capitán os nombran.

Fernando   Pues todos sobre esta cruz
(Hácela con los dedos.) la derecha mano pongan,
                y juren que me serán,
                pena de muerte afrentosa,
                obedientes y leales.

(Todos ponen la mano sobre la cruz.)

Todos   Si juramos.

Fernando   Falta agora
                que busquemos arcabuces,
                espadas, broqueles, cotas.
                Prevéngase cada cual
                como pueda. Tú, Teodora,
                ¿qué dices de esto?

Teodora   Que iré
                a las partes más remotas
                a tu lado, oscureciendo
                la fama a las Amazonas.

Fernando	¡Oh, ejemplo de la firmeza
y de las mujeres honra!
Como me cuestas me pagas;
y yo, si tu cara hermosa
me acompaña, me prometo
de todo el mundo vitoria.
Amigos, a preveniros;
que no ha de alumbrar la aurora
otra vez, sin que pisemos
de Guadarrama las rocas.
Camacho	Vamos.
Todos	Vamos.
Fernando	Yo haré presto
que tú y el mundo conozca,
Conde enemigo, el valor
del tejedor de Segovia.

Fin de la primera jornada

Jornada segunda

(Salen don Fernando, Camacho, Cornejo, y Jaramillo, de bandoleros, con medias máscaras en las manos; Teodora, en hábito de hombre y otros bandoleros.)

Camacho
    Ya, famoso capitán,
    son ochenta hombres valientes
    y armados los que obedientes
    a tu fuerte mano están.

Cornejo
    Un ejército lucido
    ha de ser tu compañía,
    según crece cada día:
    porque no ha de haber bandido
     agraviado o malhechor,
    que de seguirte no trate;
    y más cuando se dilate
    la fama de tu valor.

Fernando
    Si cuantos son delincuentes
    me eligen por capitán,
    en número excederán
    a las de Ciro mis gentes.
     Pero, amigos, advertid
    que en la guerra es vencedor
    más el orden que el valor,
    más que la fuerza el ardid.
     Y así, supuesto que es cierto
    que si publica la fama
    que ocupan de Guadarrama
    tantos soldados el puerto,
     el rey ha de prevenir
    por prendernos tanta gente,

           que a su ejército valiente
           no podamos resistir;
              me parece que ocupéis
           toda la sierra, esparcidos
           en escuadras, divididos
           cinco a cinco y seis a seis,
              distantes en proporción
           que unos a otros oyáis,
           porque ayudaros podáis
           si lo pide la ocasión.
              De suerte que en cualquier lance
           solos parezcan aquellos
           que basten a que con ellos
           lo que se emprenda se alcance;
              que demás que es importante
           para que senda o vereda
           no quede por donde pueda
           escaparse un caminante;
              mientras se entienda que son
           pocos los nuestros, ni harán
           caso de ello, ni pondrán
           cuidado en nuestra prisión.

Camacho   Está bien considerado.

Fernando   En la sierra, demás de esto,
            hemos de elegir un puesto
            de nadie jamás pisado,
               donde reparos forméis
            contra la nieve y el viento,
            y a común alojamiento
            todos de noche os juntéis.
               Las mujeres, allí ocultas,
            del regalo cuidarán

	de todos, y allí se harán, como importa, las consultas.
Camacho	Aguardad; que viene allí un caminante.
Fernando	Pues dos salgan, Camacho, con vos al camino, y traedle aquí.
Camacho	Vamos los tres.

(Vanse Camacho, Cornejo y Jaramillo.)

Fernando	Los demás se retiren.

(Vanse los otros bandoleros.)

Fernando	Tú, Teodora, ¿hállaste bien salteadora? Pero acostumbrada estás a presas de más valor; pregúntaselo a tus ojos, a quien rinde por despojos almas y vidas amor.
Teodora	Mi firme fe has agraviado, mi bien, con pregunta igual; que no se me atreve el mal mientras gozo de tu lado.

(Pónense las máscaras. Salen Camacho, Cornejo y Jaramillo, con máscaras, que salen con un Alguacil.)

Alguacil	Quitadme, si sois humanos, la hacienda, mas no la vida. Advertid que la crueldad infama la valentía.
Camacho	Ande y calle.
Fernando	Di quién eres.
Alguacil	Alguacil por mi desdicha.
Camacho (Aparte.)	(Pues tus manos me prendieron, mejor dirás por la mía; pero —¡vive Dios!— que agora ha llegado tu visita.)
Fernando	¿Qué hay en la corte de nuevo?
Alguacil	Solo agora se platica del tejedor Pedro Alonso.
Fernando	¿Qué dicen de él?
Alguacil	Mil mentiras, que en una verdad envueltas, la fama las acredita.
Fernando	Él es un gran delincuente.
Alguacil	Ni las edades antiguas ni las presentes han visto mayor bellaco en Castilla.

Cornejo (Aparte.)	(La hoguera en que ha de abrasarse, su misma lengua fabrica.)
Fernando	¿Tratan de prenderlo? ¿Hace diligencias la justicia?
Alguacil	Dos mil ducados promete a quien entregare viva su persona.
Fernando	Es vano intento; que yo he tenido noticia que a ampararse de los moros ha pasado a Andalucía. Si no hacen más prevenciones, segura tiene la vida.
Alguacil	Dan agora más cuidado las banderas berberiscas, que en Toledo se aperciben para hacer guerra a Castilla.
Fernando	Y tú agora, ¿a qué lugar y a qué negocio caminas?
Alguacil	A informarme con secreto si Garcerán de Molina está escondido en Madrid, el Conde don Juan me envía.
Fernando	¿Qué dinero llevas?
Alguacil	Poco.

Fernando	Pues, ¿no has hurtado estos días?
Alguacil	Anda muy corto el oficio;
	que está la corte perdida.
	Solo delinquen los pobres,
	no peca la gente rica,
	que la corrige y ajusta,
	no la virtud, la avaricia.
	Por no arriesgar el dinero,
	no hay agraviado que riña,
	en los pleitos se conciertan,
	en las mujeres varían.
	Y si hallamos con su dama
	alguno por su desdicha,
	por no incurrir en la pena,
	antes muere que reincida.
	Décimas nunca se logran;
	que si alguno determina
	ejecutar, luego hay ruegos,
	conciertos y tercerías.
	Y al fin, las más simples aves
	viven ya con tal malicia,
	que son los que menos cazan
	los pájaros de rapiña.
Fernando	Pues yo he de ganar perdones
	con quitarte lo que quitas;
	no ocultes solo un real,
	que te costará la vida.
Alguacil	En esta pequeña bolsa,
	esta cadena y sortija,
(Da lo que dice.)	os doy todo cuanto llevo.

Cornejo	Venga la capa y ropilla presto.
Alguacil	De muy buena gana.
Camacho	Y después de ello la vida.

(Vale a dar una puñalada.)

Fernando	No le mates.
Camacho	Éste fue la ocasión de mis desdichas; que él me prendió.
Fernando	Si su oficio ejerció como justicia, ni te hizo agravio en prenderte, ni con razón le castigas.
Camacho	¿No basta ser alguacil?
Fernando	No basta; antes me fastidian los que de oficio aborrecen a los ministros. Por dicha, ¿no ha de haberlos? ¿No han de ser hombres? ¿Acaso querías que no haya algunos que prendan donde hay tantos que delincan? Si les basta a malquistar el oficio que administran, ¿qué información en su abono pretendes más conocida, que conservarse entre tantos

| | enemigos, quién tendría
de la culpa más venial
mil mortales coronistas?
Vete, amigo. |
|---|---|
| Camacho | Solo quiero
que cortarle me permitas
una oreja. |
| Fernando | Ni un cabello.
En hazañas más altivas
ha de emplear el valor
quien anda en mi compañía. |
| Camacho | Basta que lo quieras tú. |
| Alguacil | Los años del Fénix vivas.
Pero ya que la piedad
tan noblemente ejercitas,
dame solo con qué coma
de aquí a Madrid. |
| Camacho

(Dale la vara.) | Pues la vida
le dejamos, parta luego,
sin pedir más demasías.
Esa vara de virtud
su necesidad redima;
que quien le deja las uñas,
no le quita la comida. |

(Vase el Alguacil. Sale un Villano cantando desde dentro.)

| Villano | «La mujer flaca y vieja con muchos huesos
es un juego de bolos en su talego.» |
|---|---|

Camacho   ¡Tente, villano!

Villano   Sí tengo;
                           mas no tengo.

Fernando   Así estarás
más seguro. ¿Adónde vas?

Villano   De ver una hermana vengo
           que en Guadarrama fue novia,
y vuélvome a mi lugar.

Fernando   ¿De dónde eres?

Villano   Del Villar,
aldea que de Segovia
   está dos leguas, al pie
de esta sierra.

Fernando   ¿Hay en tu aldea
alguien que estimado sea
por rico?

Villano   Señor, no sé
  que estimen ningún borrico
más que el de Bras Chaparrón,
porque es bravo garañón.

Fernando   No digo sino hombre rico.

Villano   ¿Hombre rico? En una aldea,
¿qué riqueza puede haber?
Soldemente una mujer,

en cuya afición se emprea
todo polido zagal,
por su aliño y hermosura,
en el lugar se murmura
que tiene mucho caudal
de joyas.

Camacho   Y esa villana,
¿es casada?

Villano   Señor, ella...
Ella dice que es doncella.

Camacho   ¿Cómo es su nombre?

Villano   Clariana.

Fernando   ¿Con quién vive?

Villano   Soldemente
la acompaña una criada.

Camacho (Aparte.) (Ésta es presa acomodada
para que mi gusto aumente.)

(Habla aparte a don Fernando.)

              Robemos esta mujer,
capitán.

Fernando   Pues, ¿ya la quieres?

Camacho   Donde faltan las mujeres,
¿qué regalo puede haber?

Fernando   Dices bien.

Camacho   Este villano
                servirnos podrá de guía.

Fernando   Ya esconde el autor del día
                en el húmedo Océano
                    su hermoso, luciente coche.
                Partiendo luego, llegamos
                a tiempo que nos valgamos
                del silencio de la noche.

Camacho   Vamos.

Fernando   Villano, guiad
                a vuestra aldea.

Villano (Aparte.)   (Esta vez,
                Clariana, tu doncellez
                tien de decir la verdad.)

(Vanse todos. Salen el Conde y Fineo.)

Conde   Así he trazado, Fineo,
                el remedio de mi daño.

Fineo   ¡Con qué rigor tan extraño
                te aflige un loco deseo!

Conde   No sé qué hechizo bebí
                por los ojos, tan violento,
                que del todo en un momento
                quedé por ella sin mí.

>   Yo estoy, al fin, sin remedio,
>   y tal me llego a sentir,
>   que entre gozarla o morir
>   es imposible dar medio.

Fineo   Hágase pues lo que ordenas.

Conde   Entre Chichón, y engañemos,
                puesto que no la alcancemos,
                con la esperanza mis penas.

(Vase Fineo. Sale Chichón.)

Chichón   A jurar de tu criado
                vengo con tal presunción,
                que pienso que este Chichón
                ha de reventar de hinchado.

Conde   A recibirte me obliga
                ver que me tienes amor.
                ¿De dónde eres?

Chichón   Yo, señor,
                soy natural de Barriga.

Conde   Pues, ¿hay lugar de ese nombre?

Chichón   Que ignorante de ello estés
                me admira. Barriga es
                la primer patria del hombre.
                   De ella se etimologiza
                mi nombre, y el caso fue
                que Mencía —en gloria esté—
                siendo doncella castiza,

	dio un tropezón, y fue tal
	la calda, que aunque dio
	sobre un colchón, le quedó
	en el vientre un cardenal.
	Creció después la hinchazón;
	y a quien saber pretendía
	la ocasión, le respondía
	Mencía que era un chichón.
	En efeto, me parió;
	y la vecindad con esto,
	viéndola sana tan presto,
	y que el chichón era yo,
	con risa y murmuración,
	apuntándome, decía:
	«Helo el chichón de Mencía»,
	y quedóseme Chichón.
Conde	Donaire tienes.
Chichón	Señor,
	hoy empiezo a ser feliz,
	pues que salgo de aprendiz,
	y aprendiz de un tejedor;
	que el alma tengo cansada
	de estar por corto interés
	siempre con manos y pies
	bailando la rastreada.
Conde	¿Sabes ya, pues te dispones
	a servir, a qué te obligas?
Chichón	A mal premiadas fatigas
	y a mal pagadas raciones,
	a andar fino y puntual

	un mes o dos, y pasados, / como los demás criados, / decir de ti mucho mal.
Conde	Yo sé que tú no lo harás; / que mi privado has de ser.
Chichón	¿Qué partes me han de poner / en el lugar que me das?
Conde	Mi afición te lo promete.
Chichón (Aparte.)	(¿Privado sin merecello? / Señores, del pie al cabello / me tengan por alcahuete.) / Pues Teodora ya ha volado.
Conde	Ése fue un liviano antojo, / de quien ya me causa enojo / la memoria, y no cuidado. / En caso más grave agora / tu ingenio me ha de valer.
Chichón	Manda, pues.
Conde	Tú has de prender / al tejedor y a Teodora.
Chichón	¡Guarda la gamba!
Conde	En la sierra, / con otros facinerosos, / son salteadores famosos / y atemorizan la tierra.

Chichón	¿Yo he de prenderlos?
Conde	Dos mil ducados Segovia da, y el rey por mi te dará una vara de alguacil; que a su majestad así harás, Chichón, gran servicio, al reino un gran beneficio, y una gran lisonja a mí.
Chichón	Si la fama te ha informado acaso que soy valiente, por Dios que la fama miente; que soy muy considerado. ¿Que haya quien riña, teniendo un gaznate, un corazón, cuatro lagartos, que son tan delicados, que en viendo el más meñique agujero en cualquier de ellos, la vida a las veinte por la herida deja el triste cuerpo güero? Pues luego, ¡es fuerte la malla del pellejo! Aquí me acabo de acobardar; con un nabo puede el más flaco pasalla.
Conde	Con industria lo has de hacer, que no con fuerza, Chichón; que ésta ha sido la ocasión que me ha movido a escoger tu persona; que supuesto

	que has sido tú su criado,
	de ti estará confiado,
	y estriba el engaño en esto.
Chichón	Si en eso consiste, fía
	de mi ingenio y mi lealtad.
Conde	Oye, pues.

(Sale un Paje.)

Paje	Su Majestad
	aguarda a vueseñoría.
Conde	Quédate aquí; que después
	te lo diré más de espacio.

(Vanse el Conde y el Paje.)

Chichón	Confusiones de palacio,
	turbados muevo los pies;
	que apenas tus puertas vi
	cuando mi ciega ambición
	tropieza en una traición
	contra el dueño a quien serví.
	Mas, ¿por qué traición la llamo,
	si es forzoso a toda ley
	hacer lo que manda el rey
	y el Conde, que ya es mi amo?
	Bien me puede el tejedor
	perdonar, si por dos mil
	y una vara de alguacil
	y privar con tal señor
	sus obligaciones dejo;

             que en mucho menos que yo,
             Judas a Cristo vendió.
             Es verdad que era bermejo.

(Vase. Salen doña Ana y Florinda, de labradoras. Ésta saca una luz.)

Ana   Florinda, de suerte estoy,
             que me falta el sufrimiento.

Florinda   En tan justo sentimiento
             ningún remedio te doy.

Ana   ¿Después de tanta firmeza,
             tan repentina mudanza?
             ¿Después de tanta esperanza,
             tan desdeñosa tibieza?
                Cosas son...

Florinda   ¿Que así se enfría,
             en medio de querer bien,
             un hombre? ¡Mal haya, amén,
             la mujer que en ellos fía!

(Sale Garcerán, de labrador.)

Garcerán (Aparte.)   (Como mi amor la desea,
             hallo la puerta. ¡Oh, verdad,
             quietud y seguridad
             de la vida del aldea!)
                Agora, gloria mía,
             que de llegar a verte
             trajo esta noche el venturoso día,
             no temo ya la muerte,
             antes muera yo aquí si he de perderte.

Ana ¿Qué es esto? ¿Es Garcerán?

Garcerán Es quien la vida
solo ganada, si por ti perdida,
consagra a tu hermosura,
principio de mi mal y mi ventura.

Ana Garcerán, un amor correspondido
con bastante disculpa es atrevido;
mas, si desengañado
de que no puede ser jamás pagado
hace de los peligros tal desprecio,
afecto es temerario, impulso necio.

Garcerán Por eso es amor loco;
que no ama mucho quien arriesga poco.

Ana Ésa es fineza vana;
que ni galán os quiero,
ni esposo querréis ser de una villana.

Garcerán De mi amor verdadero...

(Ruido dentro.)

Florinda Pasos siento, señora.

Ana (Aparte.) (¡Ay de mí! Si es el que mi pecho adora,
yo —¡triste!— soy perdida.)
Mirad por mi opinión y vuestra vida.
A ese oscuro aposento
os entrad; que a la huerta
sale de él una puerta.

Garcerán	Por tu opinión consiento que saque pies de aquí mi atrevimiento.
Ana	¡Presto!
Garcerán (Aparte.)	(¿Por qué dilatas, suerte dura, la vida a quien abrevias la ventura?)

(Retírase al paño. Salen don Fernando, Camacho, Cornejo y Jaramillo, con las máscaras puestas.)

Ana	¿Quién es? ¡Ay, desdichada!
Fernando	Las voces enfrenad, o dura espada las matará en el pecho.
Ana	¿Quién sois? ¿Qué pretendéis?
Fernando	¿Eres Clariana?
Ana	Yo soy.
Fernando	Venga la llave de tus joyas.
Ana	Da, Florinda, las llaves al momento.

(Vase Florinda con Camacho. Habla Garcerán al paño.)

Garcerán	¡Oh, ladrones infames! Mas, ¿qué intento? Si guardan el decoro a su belleza, no pierda la opinión por la riqueza, pues es fuerza perdella si saben que a tal hora estoy con ella.

Fernando (Aparte.) (¿Qué miro? ¡Vive el cielo, si viviera
doña Ana, que dijera
que es la misma que veo!
Pero no puede ser, porque a mis ojos
rindió a la muerte pálidos despojos.)

(Vuelve Florinda con Camacho, que trae un cofrecillo.)

Camacho Ya están aquí las joyas y el dinero.

Fernando Las dos agora sin mover los labios,
o verán de la muerte el rostro fiero,
caminen.

(Sale Garcerán de donde estaba, con la espada desnuda.)

Garcerán ¿A mujer hacéis agravios?
¿A un serafín humano
el respeto perdéis?

(Meten mano los tres bandoleros; detiénelos don Fernando.)

Fernando ¡Tened, amigos!
¿Es Garcerán?

Garcerán El mismo soy.

Fernando La mano
que de amistad os di, no ha de ofenderos.
¡Envainad los aceros!

Garcerán ¿Quién es el que conmigo
usa de tal nobleza?

Fernando   Vuestro amigo.

(Descúbresele y hablan aparte.)

                 ¿Conocéisme?

Garcerán   Sí, Pedro; que no olvida
                 a quien le ha dado libertad y vida
                 quien tiene noble el pecho.

Fernando   Pues, Garcerán, decidme, ¿es por ventura
                 Clariana la ocasión de vuestros daños?
                 ¿Es ésta la hermosura
                 de que os resultan males tan extraños?

Garcerán   Bien muestra el mismo caso
                 que es el fuego Clariana en que me abraso.

Fernando   Pues advertid que el Conde no perdona
                 traza ni diligencia
                 en orden a prender vuestra persona;
                 que en la sierra he encontrado yo estos días
                 diferentes espías
                 contra vos despachadas
                 a las tierras vecinas y apartadas.
                 Si como por gozar la luz hermosa
                 en que se ha de abrasar la mariposa,
                 os tiene de Clariana el amor ciego
                 preso al mismo peligro, al mismo fuego,
                 huid de la prisión y de la pena,
                 y llevad con vos mismo la cadena.
                 Robemos a Clariana.
                 Casi cien hombres tengo ya, valientes,

                    a mi imperio obedientes;
                    que mi fama acrecienta cada día
                    mi fuerte compañía.
                    Si de ellos y de mí queréis valeros,
                    del Conde injusto, y aun del mundo todo,
                    es fácil en la sierra defenderos.

Garcerán   Si como me está bien vuestro consejo,
                    se conformase en él Clariana hermosa,
                    ¿qué suerte más dichosa?
                    Su gusto es, Pedro amigo,
                    ley de mi voluntad, norte que sigo.

Fernando   ¿Tiéneos amor?

Garcerán   Si mi afición pagara,
                    ¿qué desdichas llorara?

Fernando   En pena, pues, de su rigor injusto
                    rinda a la fuerza lo que niega al gusto,
                    proponedle el intento,
                    y redimid la vida y el tormento.

Garcerán   Hermosa prenda mía,
                    perdona si un amor que desconfía
                    de ablandar tu esquiveza,
                    conquista con agravios tu belleza.
                    Conmigo he de llevarte.

Ana   ¿Qué dices, Garcerán?

Garcerán   Digo que muero
                    y pues que desespero
                    señora, de obligarte,

	ni te admires ni culpes la fe mía, si emprendo por vivir tal grosería.
Ana	¡Primero en mil pedazos me verás dividida, que en tus brazos!
Fernando	Ello ha de ser al fin, Clariana hermosa, y donde la elección no se permite, en vano estás dudosa.
Ana	¿Vos sois amante, Garcerán? ¿Vos noble? ¿De qué rústico roble las entrañas tenéis? ¿Qué bruto ofende al mismo dueño que obligar pretende? ¿Qué vitoria, qué palma lleva el amor injusto, de voluntad sin gusto, alma sin voluntad, cuerpo sin alma? Y si sabéis de honor, como lo fío de vuestra ilustre sangre, ¿por qué el mío con tan infame acción queréis quitarme? Ofenderme, ¿es amarme?
Fernando	Tu resistencia es vana. ¿Qué honor ha de tener una villana, que no quede ilustrado, teniendo por galán tal caballero?
Ana	Y si por dicha el traje os ha engañado, y le igualo en nobleza acaso, ¿espero que de mí condolidos, deis a mi mal piadosos los oídos?
Fernando (Aparte.)	(¡Válgame Dios! Con mil sospechas lucho.

           Habla; que ya te escucho
           inclinado a ampararte, si mereces
           en lo que ocultas más que en lo que ofreces.)

Ana   Rompa aquí los candados el secreto,
           si solo ya el librarme
           de tan extraño aprieto
           consiste en declararme.
           Oíd pues; que yo espero,
           si las entrañas no tenéis de acero,
           que han de mostrarse pías,
           si no a mi sangre, a las desdichas mías.
              Esta vil corteza,
           este rudo traje,
           nubes son del Sol
           y del oro engastes.
           No es la vez primera
           que fieros combates
           de Fortuna obligan
           a ocultos disfraces.
           Mi nombre es doña Ana
           Ramírez, mi padre
           fue Beltrán Ramírez,
           de Madrid alcaide.
           Su infeliz historia
           no es bien que os relate,
           pues le da la fama
           eternas edades.
           Escuchad la mía,
           pues sola es bastante
           a mover a llanto
           duros pedernales.
           Cuando la Fortuna
           con viento suave

a mi ilustre casa
dio prosperidades,
el Conde don Juan
dio en solicitarme,
señor con poder
y galán con partes;
mas mis resistencias
puesto que le amase,
nada desmintieron
a mis calidades.
Y así, con su firma
se obligó a casarse
conmigo, por verme
a sus ruegos fácil.
Dio la vuelta entonces
la rueda mudable
de aquella que ciega
sus dones reparte.
Murió en el suplicio
mi inocente padre,
lamentable efeto
de la envidia infame.
Mi hermano Fernando,
de quien los diamantes
tiernamente lloran
el fin miserable,
teniendo noticia
de que era mi amante
el Conde, y temiendo
mi afrentoso ultraje;
porque en ningún tiempo
pudiese gozarme,
venenos previene
que mi vida acaben.

Piadoso me avisa
el mismo a quien hace
secreto ministro
de tales crueldades;
y conficionando,
para prepararme,
antídotos fuertes
que su fuerza atajen,
el licor mortal
mi hermano me trae,
necia medicina
de calamidades.
Bebílo, y fingiendo
entre ansias mortales
despedir la vida,
pude asegurarme;
que él al mismo punto
de mi casa parte
a buscar la muerte
que Castilla sabe.
Yo con los temores
de infortunios tales,
y con las afrentas
de mi ilustre sangre,
la ficción prosigo;
y para ocultarme,
de Madrid me ausento,
mudo nombre y traje.
Mas tan duras penas,
tan fieros desastres,
a no amar al Conde
no fueron bastantes;
antes lo aumentaron
las adversidades,

buscando en sus bienes
remedio a mis males;
que con pena y miedo,
sin honra y sin padres,
por único asilo
escogí a mi amante.
Reveléle el caso
cuando él daba al aire,
llorando mi muerte,
quejas lamentables.
Con nuevas promesas
volvió a asegurarme,
engaños agora,
si entonces verdades.
Y así, su poder,
mi amor y mis males
del honor y el alma
le hicieron alcaide.
Mudóse a Segovia
la corte; y yo en traje
de villana sigo
mi adorado amante;
y él, para poder
más libre gozarme,
en esta aldehuela
quiso que habitase.
Ya son siete estíos
los que esos cristales
de la sierra han dado
licor a su margen,
después que en promesas
paga mis verdades,
pena de quien fía
lo que tanto vale.

                    Éstos son mis casos,
                    mi estado y mi sangre;
                    si a piedad os mueven
                    desventuras tales,
                    amparadme humanos,
                    o fieros matadme,
                    pues la muerte es puerto
                    de calamidades.

Fernando   ¿Que tú eres doña Ana?

Ana   Díganlo mis males.

Garcerán   No han visto los siglos
                    caso más notable.

Fernando   ¿Que al Conde engañoso
                    tu honor entregaste?

Ana   Desdichas lo hicieron,
                    que no liviandades.

Fernando (Aparte.) (¡Qué máquinas formas,
                    y qué enredos haces,
                    vil Fortuna, solo
                    en mi mal constante,
                    para perseguirme!
                    Estoy por sacarle
                    mi sangre del pecho...
                    Mas bien es que trace
                    medios que a su honor
                    den remedios antes
                    que a su error castigos.)
                    Podéis perdonarme,

	Garcerán; que es fuerza que a doña Ana ampare.
Garcerán	Lo mismo pretendo; que a su hermano y padre tuve obligaciones y debí amistades tan grandes, que dado que es mi amor tan grande, moriré primero que su ley quebrante.
Fernando	Son correspondencias a quien sois iguales. Tú, doña Ana hermosa, escúchame aparte.

(Apártanse de los demás.)

	A mí me han movido tus adversidades, como a quien se informa de tu misma sangre. Quién soy es forzoso que agora te calle; defender tu honor pienso que es bastante para prueba de ello, y para que aguarde que este beneficio con otro me pagues.
Ana	Si el honor te debo, no hay dificultades

	que por ti no venza.
Fernando (Aparte.)	(No es bien declararle mi intento; que al Conde, puesto que la agravie, adora, y no guarda secreto un amante; válgame la industria.) Doña Ana, ampararme del Conde pretendo, para que él me alcance con el rey perdón de las culpas graves a que me ha obligado este oficio infame. Y para este efeto quiero que te encargues, cuando él venga a verte, de hacer avisarme; que a sus pies postrado, no dudo si sabe que por prenda suya hice respetarte, que esta obligación como noble pague.
Ana	Corto premio pides de merced tan grande. Pero, dime, ¿adónde enviaré a avisarte?
Fernando	En la cruz que al cerro la cabeza parte, me busque o me espere

	quien lleve el mensaje,
	y tenga en la mano
	por seña este guante;
(Dale uno.)	que siempre a la vista
	tendré quien le aguarde.

Ana
De mi obligación
confiado parte.

Fernando
Volvedle las joyas.

Ana
El cielo te guarde;
y tú, Garcerán,
pues mi historia sabes,
mi rigor perdona;
que ya que no amante,
quedo agradecida.

Garcerán
Ruego a Dios que alcances
el fin que pretendes;
que el tiempo mudable
no borró las deudas
que tengo a tu sangre.

(Vanse doña Ana y Florinda.)

Fernando
Si quieres pagarlas,
y de los combates
que tu vida emulan
intentas librarte,
huye los peligros,
y ven donde mandes
mi valiente escuadra.

Garcerán	Pues ya no hay qué aguarde mi abrasado amor, fuerza es que me ampare de ti y de tu gente.
Fernando	Ven pues; que si valen industria y valor, presto pienso darte de mi amistad firme más claras señales.

(Habla aparte Camacho a Cornejo.)

Camacho	Cornejo, por Dios, que echamos buen lance.

(Vanse. Salen Chichón y dos, en traje como de bandoleros.)

Chichón	En esta inculta aspereza los habemos de encontrar.
Bandolero I	Temo que te has de turbar.

Chichón	Mal sabéis la sutileza
	  del ingenio de Chichón.
	En engañar y fingir
	parias me puede rendir
	el griego astuto Sinón.
	  No me mandéis pelear,
	que lo demás sabré hacer.

Bandolero I	A ti toca el disponer y a nosotros el obrar.

Chichón	El enredo he ya trazado
de suerte, que me creyera
Pedro Alonso, aunque estuviera
de nuestro intento avisado.
Pero aguardad, que he sentido
entre estas peñas rumor.

(Salen Camacho, Cornejo y Jaramillo, con máscaras, apuntando con los arcabuces.)

Camacho	Hidalgos, rindan las armas.
Chichón	Esperad, que soy Chichón.
Si es de vosotros alguno
Pedro Alonso, mi señor,
todos somos de la carda,
todo viviente es ladrón.
Descubrirse puede el rostro;
que de su fama la voz
trajo a los tres a aumentar
el número salteador.
Camacho	Bien podemos descubrirnos.

(Quítanse las máscaras.)

Chichón	¿Es Camacho?
Camacho	Sí soy yo.
Chichón	¿Es Cornejo?
Jaramillo	Y Jaramillo.

Chichón	¿Y mi amo?
Camacho	Aquí quedó con su querida Teodora Pero ya vienen los dos.

(Salen don Fernando y Teodora, de hombre.)

Cornejo	Ya tenemos, capitán, tres soldados más.
Fernando	¡Chichón! ¿En mis manos has caído?
Chichón	Sí; mas fue por querer yo hacer de ellas fuerte escudo contra la persecución, que por serte tan fiel mi cabeza amenazó. Pero conoce y recibe en tu amistad a los dos; que luego de nuestros casos te haré larga relación.
Bandolero I	Huyendo de la Fortuna, vengo a ampararme de vos, por dar con tal capitán al mismo infierno temor.
Chichón	No tiene más de seis muertes el amigo.
Fernando	¿Seis?

Chichón	Las dos
en el campo cuerpo a cuerpo,
y las cuatro de antuvión.
Bandolero II	De un poderoso enemigo
la ventaja, no el valor,
me obliga a buscar defensa
en vuestro fuerte escuadrón.
Chichón	El que ves, a un mayorazgo
le dejó, de un bofetón,
hecha la boca Origüela,
que toda la despobló.
Fernando	Con tan valientes soldados
ya me juzgo vencedor
de cuantos reinos visita
la luz hermosa del Sol.
Chichón	¿Es por dicha mi señora
la que miro?
Teodora	Sí, Chichón.
Chichón	¿Quién se podrá defender
de tan bello salteador?

(Un Pasajero canta desde dentro.)

Pasajero	«Ya se salen de Segovia
cuatro de la vida airada,
el uno era Pedro Alonso,
Camacho el otro se llama,
el tercero es Jaramillo,

y Cornejo es el que falta,
todos cuatro matasietes,
valentones de la fama.
Rompiendo los embarazos,
y quitándose las trabas,
a pesar de los guardianes
se escaparon de la jaula.
Pidieron embajador,
y dando salto de mata,
fueron a ser gavilanes
del cerro de Guadarrama.
Despoblado está el bureo,
desierta queda la manfla,
la jacarandina triste,
y sin abrigo las hachas.
Las plumas se han atufado,
y aborrascado las varas,
unas recorren las cuevas,
y otras escriben las causas.
¡Triste de aquél que agarraren
los pescadores de caña!
Que al son de una cuerda sola
hará en el aire mudanzas.»

(Canta Chichón.)

Chichón   «Antes cieguen que tal vean
cuantos oyen lo que cantas.»

Fernando   Éste no nos tiene miedo,
pues que por la sierra pasa
cantando seguramente.

Chichón   «No debe de llevar blanca.»

Fernando	Salidle al paso los tres,
	y venga aquí; que me agrada
	el romancillo, y deseo
	escucharle lo que falta.
	Demás que me ha parecido
	correo de a pie, y las cartas
	quiero ver; que me serán
	por ventura de importancia.
Camacho	Vamos.
Chichón	El os ha sentido,
	y ya sus pies llevan alas.
Fernando	Seguidle, y no le dejéis
	de alcanzar, aunque a las faldas
	lleguéis que con sus cristales
	fertiliza Guadarrama;
	que pues huye tan ligero,
	y tan medroso se guarda,
	algo lleva de valor.

(Vanse Camacho, Cornejo y Jaramillo.)

Chichón	Hombre, ¿eres liebre? ¿Eres cabra?
	¿Eres pelota de viento?
	Volando las peñas pasa,
	y del bote que da en una,
	tan ligero en otra salta,
	que o son de corzo sus pies,
	o son los riscos de lana.
Fernando	Hijos son del viento mismos

| | los que le van dando caza.
En vano escaparse intenta. |
| --- | --- |
| Chichón | Ya ni aun la vista lo alcanza. |
| Fernando | Mientras vuelven con la presa,
o concede, prenda del alma,
tu regazo a quien te adora. |
| Teodora | Sentémonos, y descansa
un rato de tantas penas
y de vigilias tan largas. |

(Siéntase Teodora, y don Fernando deja el arcabuz y recuéstase en su regazo. Chichón habla aparte con los dos bandoleros.)

| Chichón | Ésta es la misma ocasión,
amigos; sus camaradas
van tan lejos, que no pueden
socorrerle; yo en la cara
le echaré este capitollo,
y vos quitadle las armas;
vos a Teodora tapad
la boca, y amenazadla
con la muerte si da voces. |
| --- | --- |
| Bandolero I | Bien has dicho. ¡Llega! ¡Acaba! |
| Chichón

(Aparte.) | ¡Ánimo, pues! ¡Que yo tiemblo
desde el cabello a la planta!
(¿Qué no podrás, vil codicia,
en la condición humana?) |

(Llégase a don Fernando con un capotillo en las manos.)

Fernando	¿Qué es eso, Chichón?
Chichón	Señor, contemplo que es dura cama la que te da ese peñasco; y así pretendo que hagan alfombra este capotillo, si no colchón, tus espaldas.
Fernando	No es menester; ya los riscos me conocen, pues son blandas las peñas a los trabajos que me oprimen comparadas.
Chichón	¿Qué trabajos? ¿Has parido? Que en el mundo no me espanta otro a mí.

(Aparte a Chichón.)

Bandolero I	Chichón, ¿qué es esto? ¿Agora el valor te falta?
Chichón	No os espantéis, que me ha echado unos ojos, que bastaran a dar miedo al mismo infierno. Mas esta vez esta hazaña se ha de acabar.

(Vuelve a llegar como a echarle el capotillo sobre los ojos.)

Fernando	¿Aún porfías, Chichón?

Chichón	Señor, en la cara te dan los rayos del Sol, y hacerte sombra intentaba.
Fernando	¡Oh, qué oficioso que estás! ¿De cuando acá me regalas Chichón, con tanto cuidado?
Chichón	Agora hay más justa causa; que tu vida y tu salud nos son de tanta importancia.
Fernando	Deja de cuidar de mí.
Chichón	No puedo hacer lo que mandas; que eres mi amparo.

(Aparte Chichón y el Bandolero.)

Bandolero I	Chichón, ¿siempre al llegar te acobardas?
Chichón	Sí, camaradas; que tiene la muerte muy mala cara.
Bandolero I	Pues los dos le prenderemos, y tú a Teodora.
Chichón	Eso vaya; que con ella bien me atrevo a hacer singular batalla.

(Los dos bandoleros echan a don Fernando el capotillo de Chichón sobre la cabeza, y le sujetan.)

Fernando   ¡Ah, traidores!

Teodora   ¿Qué es aquesto?

(Chichón sujeta a Teodora.)

Chichón   Es tu muerte si no callas.

Bandolero I   No resista, si no quiere
                    que le abramos puerta al alma.

Bandolero II   Atadle las manos presto.

(Átanselas atrás con la cuerda del arcabuz.)

Bandolero I   Éste es el fin de quien anda,
                    Pedro Alonso, en tales pasos.

Chichón   Perdonad; que el rey lo manda.

Bandolero II   Atalde bien.

Bandolero I   Con la cuerda
                    del arcabuz enlazadas
                    sus manos, serán de Alcides
                    si la rompe o se desata.

Bandolero II   Empiecen a caminar.

Bandolero I   Espuela será esta daga,
                    si perezosos se mueven.

Chichón   ¡Malos años! ¡Cómo brama!
                Paciencia, Pedro; que al fin,
                quien mal anda, mal acaba.

                Fin de la segunda jornada

Jornada tercera

(Salen un Pasajero y un Ventero, con un velón encendido.)

Pasajero   ¡Ventero! ¡Ah, ventero!

Ventero   ¡Necio,
ya lo sé!

(Pone el velón en una mesilla.)

Pasajero   Acá estamos todos.

Ventero   Otro que entraba en galeras
a remar, dijo lo proprio.

Pasajero   ¡Pepita...!

Ventero   ¡En quien me maldice!

Pasajero   ¿Habrá qué cenar?

Ventero   Un rollo
de congrio no faltará.

Pasajero   ¿Pullas a mí, purgatorio
de caminantes?

Ventero   Espinas,
que no pullas, tiene el congrio.

Pasajero   ¡Qué santa sinceridad!
Por eso os tienen por bobo.

Ventero	El oficio lo requiere. Mas vos, que tan malicioso habláis, ¿quién sois?
Pasajero	Yo soy sastre.
Ventero	Yo ventero. Vamos horros. Pero, ¿de dónde venís?
Pasajero	De este alcázar suntuoso, a quien dan luciente espejo, vueltos en cristal, los copos que en el abrasado estío hurta a la sierra ese arroyo.
Ventero	Esa hermosa recreación es de Pedro de los Cobos.
Pasajero	Hase retirado a ella melancólico y ansioso —dicen que de hipocondría— el Conde don Juan; aunque otros dicen que su padre así, por travesuras de mozo, le castiga; y he venido a hablarle en cierto negocio.

(Salen Chichón y los dos bandoleros, con don Fernando y Teodora, atadas las manos atrás.)

Chichón	Esta venta está dos leguas de Segovia; en ella un poco descansemos, y a la hambre le demos algún socorro,

	pues estamos ya seguros.
Bandolero 1	Bien dices.
Chichón	¡Oste! Bon chorno.
Ventero	Si aquí hay bochorno, en la sierra no estaréis tan caluroso.
Chichón	¡Oste...!
Ventero	¿Os quemo?
Chichón	¿E cualque cosa que manchar?
Ventero	Aceite es propio para manchar.
Chichón	¿No me entiendes, venterico de mis ojos, que te hablo en italiano?
Ventero	Pues hágase a zaga un poco; que requebrarme y hablarme italiano es peligroso; mas, ¿quién es el de las manos atadas?
Chichón	Es el demonio, el tejedor de Segovia.
Ventero	¡Ah, enhoramala! Mas, ¿cómo no me pedistes albricias,

	que estoy de contento loco?
(Canta y baila.)	«Ya está metido en la trena el valiente Pedro Alonso...»
Chichón	Loco está el viejo.
Ventero	No es mucho, que ha mil días que no como; que de temor no llegaba a esta venta un hombre solo.
Bandolero I	Dadnos qué cenar de albricias.
Ventero	De un cebón os daré un lomo, en lo tierno portugués, y provincial en lo gordo. ¡Qué cara tiene el bellaco! Hombre, dime, ¿qué demonio te engañaba?
Chichón	No esperéis que os responda más que un tronco; que en prendiéndole, caló la visera y cerró el morro, y no ha hablado una palabra.
Ventero	Decidme, ¿quién es el otro?
Chichón	Es un camarada suyo.
Ventero	¡Triste de él, que es como un oro! ¿Qué digo? Guardaos de hablar en italiano a este mozo.

Pasajero	¿No me diréis de qué suerte pudistes prenderle?
Bandolero II	Todo lo alcanza la humana industria Escuchad y sabréis cómo.

(Pónense a hablar en corro el Ventero, los bandoleros, Chichón y el Pasajero.)

Fernando (Aparte.) (¡Dadme favor, santos cielos!
que, mientras hablan, dispongo
que el fuego de este velón
me dé remedio piadoso,
aunque las manos me abrase;
que si las desaprisiono,
hechos ceniza los lazos,
han de hacer del fuego propio
en que ellos se abrasen, rayos
con que a mis contrarios todos
fulmine mi ardiente furia.

(Llégase de espaldas a la mesilla donde está la luz.)

Elemento poderoso,
esfuerza la acción voraz,
tú, que los húmedos troncos,
los aceros, los diamantes,
sabes convertir en polvo.
¡Ah! ¡Pese a tu actividad
todo me abraso, y no rompo
los lazos! Fuego enemigo,
¿dante pasto más sabroso
mis manos que esas estopas,

	que te suelen ser tan propio
(Desátase.)	alimento? Ya estoy libre.
	Agora sí cuantos monstruos
	de Egipto beben las aguas,
	pacen de Hircania los sotos,
	se oponen a mi furor,
	los haré pedazos todos.)
Pasajero	Dicha fue que le dejasen
	sus camaradas tan solo,
	para prenderle.
Chichón	Obra fue
	de Dios, que ordenó piadoso
	que pague tan gran bellaco
	tantos insultos y robos.
Fernando	Agora lo veréis, perros.

(Saca la espada al Pasajero y acuchíllalos.)

Chichón	¡Ay de mí! ¡Perdidos somos!
Bandolero II	¡Aquí del rey!

(Pónese Chichón al lado de don Fernando.)

Chichón	¡Ah, gallinas!
	¿A mi amo Pedro Alonso
	os atrevistes? ¡A ellos,
	que a tu lado estoy!
Teodora	Socorro,
	cielos!

Fernando   ¡Ah, traidor!

(Dale a Chichón.)

Chichón   ¿Así
me pagas, cuando me pongo
a tu lado?

Bandolero II   ¡Muerto soy!

(Vase el Ventero huyendo.)

Ventero   ¡Toca a la Hermandad, Bartolo!

(Vanse todos. Salen el Conde y Fineo, de campo, dentro de la cerca o enverjado.)

Fineo   Alegre noche.

Conde   A no estar
yo tan triste, alegre fuera;
mas las luces de su esfera
no se pueden igualar
    en número a mis pesares,
como ni a la causa de ellos
se igualan en rayos bellos
sus hermosos luminares.

Fineo   Famosa recreación
es ésta de Cobos.

Conde   Buena,
si hiciese un punto mi pena

                    treguas con mi corazón.

Fineo   ¿Quieres, señor, que con juegos
                te diviertan los criados,
                y que alumbrando estos prados,
                con luminarias y fuegos
                    te entretengan?

Conde   No, Fineo;
                antes al campo salí,
                por dar más lugar aquí
                a que me mate el deseo.

Fineo   No fuera malo traer
                a Clariana de la aldea.

Conde   No la nombres, si desea
                tu privanza no perder
                    el lugar que en mí te doy.
                Todo lo que no es hablar
                de Teodora, es aumentar
                pena al infierno en que estoy.

Fineo   El moro dicen, señor,
                que a Madrid tiene sitiado.

Conde   ¡No me dieran más cuidado
                que sus flechas las de Amor!

Fineo   También publica la fama
                que contra Segovia tiene
                el mismo intento, y que viene
                marchando hacia Guadarrama.

Conde	A manos de Amor he muerto, y no temo a Marte ya.
Fineo	El rey dicen que saldrá mañana a ocupar el puerto, para impedirles el paso a las moriscas banderas.
Conde	¡Ah, Teodora! Si supieras cuán ciegamente me abraso!
Fineo (Aparte.)	(Al fin es vana intención, tocando una y otra historia, divertir de su memoria la enamorada pasión.) Mas, ¿qué luces son aquéllas que en el valle resplandecen, y exhalaciones parecen en el curso, si no estrellas?

(Hablan villanos, dentro; después, sale don Fernando.)

Villano I	¡A la quinta!
Villano II	¡Al valle!
Villano III	¡Al prado!

(Sale don Fernando con la espada quebrada, huyendo por el campo.)

Fernando (Aparte.)	(¡Cielo santo! ¿Dónde iré? ¿Cómo librarme podré, de tanta gente cercado? Imposible es resistir;

                          que me ha llegado a faltar
                          la espada para esperar,
                          y el aliento para huir.)
(Entra en el enverjado.)   Si hay en vosotros piedad,
                          si noble sangre os anima,
                          si ajeno mal os lastima,
                          a un desdichado amparad.

Conde   ¿Quién sois?

Fernando   Si tenéis valor,
                          basta ser un perseguido
                          de mil contrarios, que os pido
                          contra su furia favor.
                             Si habéis de hacerlo, mirad
                          que airados y temerarios
                          se acercan ya mis contrarios.

Conde   En esa quinta os entrad;
                             que yo os libraré.

Fernando   Yo espero
                          que seréis sagrado mío.
                          Sin saber de quién, me fío,
                          por ser el lance postrero.

(Éntrase. Salen el Bandolero I, el Ventero y villanos, con armas y hachones de paja, que sacan a Teodora atada.)

Ventero   O la tierra lo ha tragado,
                          o en esta quinta se esconde.

(Entran en el enverjado.)

Conde   Aguardad.

Ventero   ¿Quién es?

(Asómase don Fernando a una ventana de la quinta.)

Conde   El Conde.

Fernando (Aparte.)   (¡Hay hombre más desdichado!
　　　　　　　　　En manos de mi enemigo
　　　　　　　　　he dado.)

Conde   ¿Es Celio?

Bandolero I   Señor,
　　　　　　　Celio soy, que al tejedor
　　　　　　　con toda esta gente sigo.
　　　　　　　　Con Teodora le traía
　　　　　　　preso; y haciendo pedazos
　　　　　　　en esa venta los lazos,
　　　　　　　que Alcides no rompería,
　　　　　　　　y sacando de la cinta
　　　　　　　la espada a un huésped, hiriendo
　　　　　　　y matando, escapó huyendo;
　　　　　　　y si no está en esta quinta,
　　　　　　　　es cierto que se ha librado.

Conde   ¿Y Teodora?

Bandolero I   Vesla aquí.

Fernando (Aparte.)   (Todo el infierno arde en mí.)

Conde (Aparte.)   (Pues la palabra que he dado,

    le cumpliré al tejedor;
que soy noble; y pues alcanza
a Teodora mi esperanza,
ni mi amor ni mi rigor
 le quieren dar más castigo.)
Él, sin ser visto de mí,
no ha podido entrar aquí.
Quede Teodora conmigo,
 y proseguid en buscarle.

Bandolero I   Vamos.

Ventero   A fe de ventero,
de no dar a pasajero
vino puro antes de hallarle.

(Vanse el Bandolero, el Ventero y los villanos.)

Conde   Llega; que ofendido estoy,
Teodora, de que estos lazos
presuman prender los brazos
cuyo prisionero soy.

Fernando (Aparte.) (¿Qué haré sin armas, celoso,
y en poder de mi enemigo?
Que aunque se mostró conmigo
tan noble, humano y piadoso
 en ocultarme a la gente
que me sigue, ya cumplió
la palabra que me dio;
y agora temo que intente
 sus venganzas en mi vida,
y en Teodora mis agravios.)

Conde   Mueve los hermosos labios;
         no te muestres ofendida
            de que te adore... Y advierte
         que está en mi poder tu amante;
         y si resistes constante,
         te he de obligar con su muerte
            a olvidarle y a quererme;
         y que al fin, para vencer,
         la fuerza me ha de valer,
         si no puede amor valerme.
            Llama al tejedor, Fineo.

Fernando (Aparte.)   (Esto es hecho.)

(Quítase de la ventana don Fernando, y éntrase en la quinta Fineo.)

Teodora (Aparte.)   (¡Ay, dueño mío!
         No librarte es desvarío
         del peligro en que te veo.
            Líbrete yo; que después
         sabré morir resistiendo.)
         No pienses, Conde, que ofendo,
         con el silencio que ves,
            a la estimación debida
         a tu amor y tu grandeza;
         antes viendo mi bajeza,
         avergonzada y corrida
            de no haber antes tu amor,
         como era justo, pagado,
         y de haberte despreciado
         por un bajo tejedor,
            negaba a la boca el pecho
         atrevimiento de hablarte.

Conde   Si ya merezco ablandarte,
             obligado y satisfecho
               de tu resistencia estoy,
             pues ella misma la gloria
             aumenta de la vitoria.

Teodora   No lo dudes, tuya soy.

(Sale don Fernando, custodiado por Fineo y otros criados.)

Fernando   ¡Tal escucho! ¡Ah, vil mujer!
             ¡Ah, mudable! ¡Ah, fementida!

Conde   No la injuries, si la vida
             también no quieres perder.
               De la gente que venía
             siguiéndote, prometí
             librarte. Ya lo cumplí;
             y si agora tu osadía
               la ofende o me ofende, piensa
             que puedo, sin quebrantar
             mi palabra, ejecutar
             el castigo de mi ofensa.

(Fineo habla aparte a los criados.)

Fineo   Estad todos con cuidado;
             que es demonio el tejedor.

Fernando   ¿Qué nobleza, qué valor
             muestra el haberme librado
               de mis contrarios, si aquí
             deslustras ya esa piedad,
             y ejecuta tu crueldad

más fiera venganza en mí?
   ¿Qué alabanza solicitas
   de la fe que me cumpliste,
   pues si la vida me diste
   el alma en cambio me quitas?
      Mas no de ti; fementida,
   de ti me quiero quejar.

Teodora (Aparte.) (Temo que le ha de costar
   el injuriarme la vida.)
      Necio, di. ¿Qué confianza
   te ha dado a entender jamás
   que yo no estimase más
   cumplir la justa esperanza
      del Conde, que ser constante
   a la fe de un tejedor?
   ¿Tan ciega estoy de tu amor,
   que a un gran señor, que es Atlante
      en que estriba dignamente
   el peso de esta corona,
   prefiera la vil persona
   de un bandido delincuente?
      Conócete, presumido;
   confiado, vuelve en ti;
   que el seguirte yo hasta aquí,
   no amor, sino fuerza ha sido.
      Y así el furor que te anima
   solo fabrica tu daño.
   Goza, pues, del desengaño,
   y como a prenda me estima
      del Conde ya, o —¡vive el cielo!—
   si me vuelves a injuriar,
   que yo misma he de manchar
   de tu infame sangre el suelo!

Fernando	¡Tal escucho!
Conde	¡Que merezco tan gran favor de tus labios!

Fernando	Ya con tan fuertes agravios
	mi misma vida aborrezco.
	  Empieza a matarme, fiera;
	que ya yo empiezo a ofenderte,
	y alegre aguardo la muerte,
	como injuriándote muera.
	  ¡Vil, infame!

Conde	El sufrimiento me falta ya. ¡Muera!

(Sacan las espadas.)

Teodora	¡Conde, tente! Que no corresponde a tu grandeza ese intento; que en un rendido manchar tu acero no es honra tuya; y para más pena suya, yo misma le he de matar.
(A un Criado.)	Dame esa espada.
Fernando	¡Ah, enemiga! ¡Cielo santo!, ¿para quién guardáis los rayos?

(Toma Teodora la espada a un criado, dirígese a don Fernando como para herirle, y le entrega la espada.)

Teodora	Mi bien, tómala, y porque no siga mis medrosos pies el Conde, la puerta defiende en tanto que en su tenebroso manto la noche negra me esconde.
(Huye.)	
Conde	¡Ah, engañadora!
Fernando	¡Huye, honor de mujeres!
Conde	¡Muera, muera! ¡Y seguidla!
Fernando	Si no fuera el que suele mi valor, la pudiérades seguir, matándome a mí primero. Por la punta de este acero al campo habéis de salir.
Conde	Furia del infierno es.
Fernando	Presos habéis de quedar; el paso he de asegurar con las manos a los pies.

(Métcios a cuchílladas, cierra la verja y vanse. Salen Garcerán, Camacho, Cornejo, Jaramillo y bandoleros.)

Garcerán	Soldados, marchad apriesa.
Agora, amigos, agora
de nuestro agradecimiento
den testimonio las obras.
Vuestro capitán va preso,
a cuyo valor deudoras
son las más de vuestras vidas
del libre estado que gozan.
Agora, pues, a la suya
las sacrifiquemos todas,
porque a la ley de amistad
como deben corresponda.
Apresuremos el paso;
que antes que llegue a Segovia,
espero restituirlo
a la libertad preciosa.
Cornejo	¡Vive Dios, que hemos de entrar,
aunque la corte se ponga
en arma, a la cárcel misma
si la suerte rigurosa
impide que le alcancemos!
Garcerán	Entre las oscuras sombras
viene pisando la falda
de la sierra una persona.
Cornejo	Un hombre es solo y a pie.
Jaramillo	Llamémosle, pues que importa
informarnos de él si viene
por ventura de Segovia.

(Sale Teodora.)

Teodora (Aparte.)　　(¡Ay de mí! Perdida soy.)

Garcerán　　Hombre, no huyas, reporta
　　　　　　el receloso temor
　　　　　　y la turbación medrosa,
　　　　　　y dinos si has encontrado
　　　　　　y adónde llegará agora
　　　　　　la gente que lleva preso
　　　　　　al tejedor de Segovia.

Teodora　　¿Engáñame mi deseo,
　　　　　　o es Garcerán?

Garcerán　　　　　　¿Es Teodora?

Teodora　　Teodora soy.

Garcerán　　　　　　Pues, ¿qué es esto?
　　　　　　¿Cómo vienes libre y sola?
　　　　　　¿Qué hay de Pedro?

Teodora　　　　　　Hacia la quinta
　　　　　　que al pie de la sierra borda
　　　　　　ese arroyo, que en las peñas
　　　　　　hace del cristal aljófar,
　　　　　　caminemos; que por dicha
　　　　　　vuestro socorro le importa;
　　　　　　y refiriéndoos iré
　　　　　　en el camino su historia.

Garcerán　　Vamos apriesa. Mas dinos
　　　　　　si queda libre.

(Don Fernando habla desde dentro.)

Fernando (Dentro.) ¡Teodora!

Teodora ¡Ay, cielos! Su voz es ésta.

Fernando (Dentro.) ¡Teodora!

Teodora ¡Suerte dichosa!
¡Libre está! ¡Pedro!

Garcerán Otra vez
le llama, porque conozca
tu voz y siga sus ecos.

Teodora ¡Pedro!

Cornejo Ya de entre las rocas
sale al camino.

Garcerán Llegad;
que aquí vuestra escuadra toda
os aguarda.

(Sale don Fernando.)

Fernando ¿Es Garcerán?

Garcerán Y vuestra gente.

Fernando ¿Y Teodora?

Teodora Dame los brazos.

Camacho	Y a todos los que en tu dicha se gozan.
Garcerán	Supimos de un pasajero que os llevaban a Segovia presos, y juntando al punto vuestra cuadrilla animosa, partimos en vuestro alcance.
Fernando	Mi valor me dio vitoria de aquellos traidores viles, que con industria alevosa me prendieron; y después me dio la vida Teodora, honor de su patria, afrenta de las romanas matronas. Al Conde y a sus criados dejo encerrados agora en la quinta por defuera. Amigos, si en la memoria tenéis lo que os he servido, en esta ocasión me importa que vuestro agradecimiento en los efetos conozca.
Garcerán	La prevención es agravio, la duda ofensa notoria, para quien la vida os debe.
Camacho	No hay aquí quien no se oponga por vos a la muerte misma.
Cornejo	Todos por vos se conhortan a dar guerra al mismo infierno.

Jaramillo	Prueba tu gente animosa.
Fernando	Seguidme, pues.
Garcerán	¿Dónde vamos?
Fernando	A hacer que el mundo conozca el valor que esconde el pecho del tejedor de Segovia.

(Vanse. Salen el Conde y Fineo.)

Conde
   Mal reposa un agraviado,
mal sosiega un ofendido;
de avergonzado y corrido
no ha permitido el cuidado
   a mis ojos un momento
de sueño. ¡Que pueda tanto
un hombre vil! ¡Cielo santo!
De tener vida me afrento.

Fineo
   Toda la noche, señor,
sin reposar has pasado.

Conde
¡Ojalá que hubiera dado
fin a mi vida el dolor!
   ¡Ojalá, cuando me veo
de un vil tejedor vencido,
mi vida hubiera dormido
el postrer sueño, Fineo!
   ¡Que una mujer me engañase!
¡Que un hombre vil me venciese!
¡Que en mi poder le tuviese,

        y la ocasión no gozase!
          ¡Ah, cielo airado y cruel!
        Si os ofende nombre igual,
        dadme ya el último mal,
        y os diré piadoso en él.
          ¡Hoy me matad, cielos! ¡Hoy
        me matad! Haz prevenir
        caballos en que partir
        a la corte, pues estoy
          obligado a acompañar
        al rey, que hoy parte a la sierra.

(Vase Fineo.)   ¿Qué hazañas hará en la guerra?
        ¿Qué moros ha de matar
          un hombre, cuyo valor,
        con ventaja tan notoria,
        no pudo llevar vitoria
        de un humilde tejedor?

(Sale Chichón, entrapajada la cabeza, con báculo, y macilento.)

Chichón   A besar llega tus pies
        la sangrienta calavera
        de tu criado. Pondera
        cuál me viste, y cuál me ves
          por cumplir tus intenciones.

Conde   ¡Chichón!

Chichón   Ya puedes pasar
        al plural del singular.
        Llámame, señor, chichones.
          Preso el tejedor y presa
        Teodora, se desató
        por ensalmo, y empezó

          a matarnos tan apriesa
             las pulgas, que los venteros,
          de sangre de mis costillas
          dieron en hacer morcillas
          que coman los pasajeros.

(Sale Fineo.)

Fineo   Perdidos somos, señor;
          que un gran escuadrón de gente
          mascarada y diligente
          ha cercado alrededor
             la quinta, y poniendo guardas
          a las puertas, con violento
          furor viene a tu aposento.

Conde   ¿Qué temes? ¿Qué te acobardas?
            A mí, ¿quién se ha de atrever?

(Salen don Fernando, Garcerán, doña Ana y bandoleros, con máscaras.)

Garcerán   Aquí está el Conde.

Chichón *(Aparte.)*   (Sin duda
          es el tejedor. ¡Ayuda,
          cielos! Quiérome esconder
             tras de la cama del Conde.
          ¡Aquí pagaréis, Chichón!
          Tarde o presto, a la traición
          el castigo corresponde.)

(Escóndese.)

Conde   Hombres, ¿quién sois? ¿Qué queréis,

	que con tal loca osadía

                  que con tal loca osadía
                  el respeto y cortesía
                  a mi grandeza perdéis?

Fernando   No admiréis mi atrevimiento;
                  que yo aquí para con vos
                  de la justicia de Dios
                  soy tan humano instrumento.
                     Y aunque vale tanto el nombre
                  que os da el mundo, viene a ser,
                  en queriéndole ofender,
                  el mayor señor un hombre.
                  ¿Conocéis esta villana?

Conde   Bien la conozco.

Fernando   ¿Sabéis
                  que es esta mujer, que veis
                  en traje humilde, doña Ana
                     Ramírez, cuyo linaje
                  es igual, si no mejor,
                  que el vuestro, y que vuestro amor
                  la disfraza en este traje,
                     dando a sus prendas, perdidas
                  por ser en vos empleadas,
                  esperanzas engañadas
                  y promesas mal cumplidas?

Conde   ¿Yo a doña Ana?

Fernando   Yo no espero
                  aquí vuestra confesión;
                  que plenaria información
                  basta a mover el acero.

                        Dadle, pues, Conde, al momento,
                        la mano que le debéis,
                        o a vuestro suplicio haréis
                        teatro de este aposento.

(Fineo habla aparte al Conde.)

Fineo   Sin duda es el tejedor
                        en la voz; y pues es vano
                        resistir, dale la mano.
                        Libra tu vida, señor,
                           del gran peligro que ves;
                        pues siendo obligado a ello
                        con violencia, el deshacello
                        será tan fácil después.

Conde   Bien dices. Llega, doña Ana;
                        que felizmente se emplea
                        en ti mi mano. No sea
                        tan justa esperanza vana.

Ana   Bien sabes, Conde y señor,
                        que cuando no te obligara
                        tu palabra y fe, bastara
                        a merecerte mi amor.

Conde   A tu fineza es debida
                        tan justa correspondencia.
(Aparte.)   (¡Ah, enemiga, esta violencia
                        me pagaréis con la vida!)
(Danse las manos.)   Mi mano es ésta; ya soy
                        tu esposo.

Ana   Y yo venturosa,

	pues doy la mano de esposa
a quien vida y alma doy.
Fernando	Dejadnos solos agora;
que al Conde tengo que hablar.
Fineo (Aparte.)	(¿Más queda que averiguar?)
Conde (Aparte.)	(Por ti, enemiga Teodora,
vengo a tan pesado lance.)
Ana (Aparte.)	(Pedirle querrá sin duda
que con el rey le dé ayuda
para que perdón alcance;
mas no le hubiera ofendido
si esta fuera su intención.
En medrosa confusión
llevo anegado el sentido.)

(Vanse todos, menos el Conde y el tejedor don Fernando, que cierra las puertas.)

Conde (Aparte.)	(No espere suerte mejor
quien desenfrenado yerra.
Una y otra puerta cierra
por de dentro el tejedor.
Al cielo tiene enojado
mi soberbio pensamiento,
pues con tal vil instrumento
mi altivez ha derribado.)
Fernando	Conde, ¿conocéisme?

(Descúbrese.)

Conde   Sí,
y en vuestro valor osado,
antes de haberos quitado
la máscara, os conocí.

Fernando   ¿Quién soy?

Conde   Sois el tejedor
Pedro Alonso, no me olvido.

Fernando   Aún no me habéis conocido.
Miradme, Conde, mejor.

Conde   Por lo que decís, pensara,
si pudiera ser, mirando
el retrato de Fernando
Ramírez en vuestra cara,
    que érades él.

Fernando   Sí soy, Conde.

Conde   ¡Válgame Dios! Si ofendido
de mí el cielo, ha permitido
que del sepulcro que esconde
    vuestro cadáver helado,
que yo mismo vi enterrar,
os levantéis a vengar
vuestra hermana, ya he pagado
    la deuda, y cobró su honor
con la mano que le di.
¿Qué más pretendéis de mí?

Fernando   No quiero que mi valor

      deslustréis, atribuyendo
     a milagro soberano
     las hazañas de mi mano;
     y aunque justamente entiendo
      que es el cielo quien ordena
     que yo os castigue, no estoy
     muerto, Conde; vivo soy,
     y ha de ser de vuestra pena
      mi valor el instrumento.

Conde   ¿Cómo es posible? Yo mismo
     os vi entregar al abismo
     de un oscuro monumento.

Fernando   Engaño fue, no verdad;
     y porque no le quitéis
     la gloria que le debéis
     a mi valor, escuchad.
      Seis años ha que el diente venenoso
     de la infernal envidia, que derrama
     furia mortal y tósigo rabioso
     contra el valor, virtud, nobleza y fama,
     a mi padre se opuso, que dichoso
     fue mariposa a la luciente llama
     de la gracia del rey, pues halló en ella
     o la causa de perderse y de perdella.
      La enemistad, la emulación y el miedo
     que en sus contrarios la privanza cría,
     pues ni mi padre pudo ni yo puedo
     faltar a la lealtad y sangre mía,
     con el moro Celián, rey de Toledo,
     a mi padre imputaron que tenía
     trato alevoso; y la malicia pudo
     vencer de la verdad el fuerte escudo.

Rindió el cuello inocente al vil suplicio
el alcaide leal, y quiso el cielo
que pretendiendo por el mismo indicio
manchar de mi inculpada sangre el suelo,
para ocultarme al capital juicio
me prestase el temor alas, y velo
la sacra habitación de Martín santo;
que aun duran las piedades de su manto.
   Sabiendo, pues, allí que de mi hermana
era vuestro cuidado la belleza,
porque no la obligase a ser liviana,
Conde, o vuestro poder o su flaqueza,
la quise atosigar; mas a doña Ana
preservó la piedad o la destreza
del que el veneno fabricó; de suerte
que fingiendo morir, huyó la muerte.
   Solo restaba hurtarme a la amenaza
y al golpe fiero de mi suerte dura,
y la necesidad me dio una traza
si bien horrible, por igual segura;
que cuando en sueño más profundo enlaza
al viviente mortal la noche oscura,
dándome mi temor atrevimiento,
doy a la ejecución mi pensamiento.
   A una bóveda llego, en que escondía
despojos de la muerte el templo santo;
la fuerza aplico, y una losa fría,
puerta del hondo túmulo, levanto.
Entro, y tentando por la cueva umbría,
poco diversa al reino del espanto,
saco de su ataúd un cuerpo helado,
la misma noche en él depositado.
   La mortaja quité al cadáver yerto,
y púsele mi propia vestidura;

y para que no fuese descubierto
mi engaño, le deshice la figura
del rostro con heridas; y así el muerto
traslado de su quieta sepultura
a la calle, y mi planta el campo pisa
con sola su mortaja por camisa.
 Hallando, pues, el Sol el cuerpo frío
con mis vestidos, llaves y papeles,
que en publicar que era el cadáver mío
fueron tenidos por testigos fieles,
voló la fama, y el desastre impío
enterneció los pechos más crueles,
y dándole en la tierra el común puerto,
se asentó la opinión de que soy muerto.
 Yo, fugitivo, en curso acelerado
a Guadarrama caminé, y fingiendo
que he sido de ladrones salteado,
a la piedad cristiana me encomiendo
del cura del lugar, que lastimado
de mi desdicha y desnudez, pidiendo
limosna al pueblo, me compró un vestido,
con que a Segovia parto agradecido.
 Y antes de entrar en ella, despojado
de la barba, mi rostro desfiguro;
si bien antes la pena y el cuidado
me dio la nueva forma que procuro;
Pedro Alonso me nombro, y obligado
de la necesidad, su imperio duro
y mis desdichas evité sirviendo
a un tejedor, cuyo ejercicio aprendo.
 Seis veces las corrientes del Oronte
en hielo convirtió la invernal bruma,
y la cabeza de ese altivo monte
ornó la nieve de rizada espuma,

mientras gozaba yo en este horizonte
suma felicidad y quietud suma,
como quien de la arena de este estado
miraba de ambición el golfo airado.
　De mi tranquilidad y mi ventura
se cansó la Fortuna, y de Teodora
tomó por instrumento la hermosura
de la tormenta en que me anego agora.
Conquisté su belleza, y con fe pura
paga el amor con que mi fe la adora.
Es noble, es bella, es firme, y yo dichoso
en la palabra que le di de esposo.
　En esto estaba yo, cuando los cielos
trajeron a Segovia el cortesano
tumulto, porque diese a mis desvelos
fiera ocasión vuestro poder tirano,
añadiendo a la rabia de mis celos
y al agravio feroz de vuestra mano
el de mi hermana, donde a cada ofensa
es sola vuestra vida recompensa.
　Ésta es mi historia, Conde; y satisfecho
con esto de que vivo y es humana
la fuerza de mi brazo y de mi pecho,
o prodigio no de sombra soberana,
sustentad los agravios que habéis hecho,
y empuñando el acero, la tirana mano
se muestre aquí tan atrevida,
como contra el honor, contra la vida.

(Saca la espada.)

Conde　　　　　Siendo Fernando de doña Ana hermano,
¿mostráis contra su esposo airado brío?

Fernando	Ella cobró el honor con vuestra mano,
	y yo con vuestra muerte cobro el mío.
Conde	De vuestra afrenta el sentimiento es vano,
	pues no agravió mi injusto desvarío
	a Fernando Ramírez, sino a un hombre,
	tejedor en oficio y Pedro en nombre.
Fernando	Éste es el rostro mismo en que la afrenta
	de vuestra injusta mano se retrata;
	si al tejedor la hicistes, haced cuenta
	que el tejedor, y no Fernando, os mata.
	Éste es el pecho que ofender intenta
	vuestro amor con mi esposa.
Conde	Si ella ingrata
	resiste a mi afición, ¿en qué os ofendo?
Fernando	Al marido se ofende pretendiendo.

(Acuchíllanse, y cae el Conde.)

Conde	¡Muerto soy! ¡Cielo! justo es el castigo
	de mis culpas. Escucha, ya que muero.
	Yo contra ti y tu padre fui testigo;
	falso, Fernando, fui, no verdadero.
	Orden fue de mi padre; que conmigo
	y con él de la envidia el rigor fiero
	tan grande fue; perdóname, pues eres
	cristiano, y muero.

(Muere.)

Fernando	Perdonado mueres.

(Vase. Sale Chichón de donde ha sido escondido.)

Chichón   Ya ha pasado la tormenta,
si doy crédito al silencio.
Quedito. ¿Si ya se fue
el tejedor caballero?
¡Bravas cosas he sabido!
¡Válgate el diablo por Pedro!
¿Que eres Fernando Ramírez?
Por Dios, que lo dije luego,
que tejedor tan valiente
ocultaba algún secreto.
¡Ah, Conde! Como un atún
está tendido en el suelo.
Pero la llave le ha echado
por de fuera al aposento.
¡Triste de mí! ¿Qué he de hacer,
encerrado con un muerto?
¡Qué gustosa compañía!
Temblando estoy. Yo confieso
que fui siempre con los vivos
gallina; mas con los muertos
soy un tátaragallina.
Por esta ventana quiero
descolgarme. Ya la turba
de los salteadores fieros
hacia la sierra camina.
De las sábanas del lecho
del triste Conde podré
hacer escalas al viento;
que hay tan mal olor aquí,
que me atafago y mareo;
aunque no sé de los dos

cuál huele mal, yo o el muerto.

(Vase. Salen don Fernando, Garcerán, Camacho, Cornejo y bandoleros. Dentro ruido de batalla.)

Fernando   Ésta es la ocasión, amigos,
                en que justamente espero
                que adore un honroso fin
                todos los pasados yerros.
                Vitorioso el berberisco,
                sigue el alcance, y los nuestros
                sin orden ya se retiran;
                por mil valemos los ciento
                en la sierra, donde estamos
                ejercitados y diestros,
                acometamos en orden,
                y la fuga reparemos
                de los castellanos. ¡Ea!
                Al rey, a la patria, al cielo,
                a quien viviendo ofendimos,
                obliguemos hoy muriendo.

Garcerán   Con tan valiente caudillo
                y con tan honrado intento,
                será un rayo cada brazo,
                y una peña cada pecho.

Cornejo   ¡Acomete, capitán,
                que todos te seguiremos!

Camacho   ¡Restauremos lo perdido!

Jaramillo   ¡Acometamos! ¡A ellos!

(Pónense las máscaras. Salen el Rey y el Marqués, armados, con las espadas desnudas.)

Marqués
¡Toma un caballo, señor,
y salva tu vida!

Rey
¡Ah, cielos!
¡Defended la causa mía,
pues yo la vuestra defiendo!

Fernando
¡Volved, volved, castellanos;
que no los moros, el miedo
es quien os vence y os sigue!
¡Volved! ¡Santiago! ¡A ellos!

(Vanse don Fernando y los suyos.)

Rey
¿Qué escuadra es ésta, Marqués,
que con los rostros cubiertos,
valerosamente embiste
contra el campo sarraceno?

Marqués
Favor al cielo has pedido,
y te da favor el cielo.

Rey
¡Volved, soldados, volved!
¡Cobren los heroicos pechos
la reputación perdida!

Marqués
¡Ya sube el moro sangriento
huyendo por los peñascos,
por donde bajó siguiendo!

Rey
¡Embestid, Marqués, volved

	por mi honor y por el vuestro, pues por vos y vuestro hijo, que en un lance tan estrecho se ha ocultado, os obligastes a pelear!
Marqués	Sabe el cielo que estoy de haberle engendrado tan corrido, que deseo morir por no verle vivo, y vivir por verle muerto.
Rey	Partid; que yo, de cansado, llamas doy en vez de aliento, y sobre esta dura peña con la vitoria os espero.
Soldados (Dentro.)	¡Vitoria! ¡Castilla!
Rey	¡Gracias os hago, Señor inmenso, que de las piedades vuestras el tesoro habéis abierto!

(Vase. Sale Chichón, con la espada desnuda.)

Chichón	Agora que por la sierra suben los moros huyendo, seguro podré salir de entre las peñas, y quiero participar de la gloria de los vencedores. ¡Perros! ¿De perros os volvéis liebres? ¡Aguardad; que quiere haceros

                        Chichón a todos chichones!

(Salen el Marqués, herido, don Fernando, acuchillándole.)

Marqués   ¿Quién eres, hombre? ¿Qué es esto,
                        que después de haber vencido
                        los moros, el fuerte acero
                        contra los cristianos vuelves?

Fernando   Solo contra ti lo vuelvo.
                        Fernando Ramírez soy...

(Sale el Rey, y quédase retirado escuchando.)

Rey (Aparte.)   (¡Qué escucho!)

Fernando   A quien quiso el cielo
                        dar vida porque mostrase
                        las lealtades de mi pecho,
                        dándole vitoria al rey,
                        y a ti el castigo sangriento
                        de los injustos agravios
                        que a mi padre y a mi has hecho.

Rey (Aparte.)   (¡Misterios del cielo son!
                        No quiero oponerme al cielo.)

Chichón (Aparte.)   (El tejedor al Marqués
                        le está dando pan de perro.)

(El Marqués se cae.)

Marqués   ¡Muerto soy! ¡Tente, Fernando,
                        y pues ya muero, confieso

	que a ti y a tu noble padre la vida y honor os debo! Testimonio os levanté, de la envidia vil efeto.
Rey	¡Basta, Fernando; detén, pues lo confiesa, el acero!
Fernando	¿Tu majestad lo ha escuchado? Con eso estoy satisfecho, y con que su hijo el Conde ha confesado lo mesmo.
Chichón	De ello soy testigo yo; que debajo de su lecho, lo que refiere Fernando, le vi confesar muriendo.
Fernando	Yo, señor, le di la muerte por agravios que me ha hecho, que su injusta tiranía me obligó a ser bandolero. Por él y su padre el mío manchó el teatro funesto, y yo con astuto engaño libré mi vida, poniendo mis vestidos a un cadáver, con que mi muerte creyeron. Quitó el honor a mi hermana, y a mi esposa pretendiendo, porque lo impedí, en mi rostro imprimió los cinco dedos. Humilde pongo a tus pies la cabeza, si merezco

	pena cuando, siendo noble,
	tan justamente me vengo.
Rey	Fernando, a vuestro valor
	y al de vuestra gente debo
	la vitoria que hoy alcanzo;
	y cuando fueran los vuestros
	delitos, y no venganzas
	tan justas, os diera, en premio
	de hazaña tan valerosa,
	en mi gracia el lugar mesmo
	que os quitó la envidia. Lleguen
	vuestros soldados, que quiero
	conocerlos y premiarlos.

(Salen Garcerán, Camacho, Cornejo, Jaramillo, y bandoleros.)

Garcerán	Todos, gran señor, ponemos
	a vuestros pies estas vidas,
	que leales os sirvieron.
Rey	Todos quedaréis premiados
	de vuestros heroicos hechos.
	Mas decid, Fernando, ¿vive
	vuestra hermana?
Fernando	En ese pueblo
	traje aldeano la oculta
	pero ya con el contento
	de la vitoria se acercan
	los villanos, y con ellos
	mi hermana y mi esposa, a daros
	la norabuena.

(Salen Teodora, doña Ana y villanos.)

Ana   Lleguemos
           a besar los pies al rey.

Fernando   Llega, esposa; que ya el cielo
           dio fin a nuestras desdichas,
           y a tus firmezas el premio.
           Llega, hermana, y a su alteza,
           por la merced que me ha hecho,
           besa las reales plantas.

Teodora   Humildes besan el suelo
           que honran tus pies nuestros labios.

Rey   Alzad; que honraros deseo,
           por esposa y por hermana
           de Fernando.

Fernando   Y yo con eso,
           lo que ofrecí tejedor,
           cumpliré, Teodora, siendo
           Fernán Ramírez, pues eres
           de noble sangre, y les debo
           la mano, el honor y vida
           a tus firmes pensamientos.
           Y vos, Garcerán, pues ya
           veis sin mancha el claro espejo
           de mi honor, y el de mi hermana
           quedó restaurado siendo
           su esposo el Conde, la mano
           le dad, si acaso os merezco
           por cuñado.

Garcerán	Si doña Ana quiere premiar mis deseos será colmada mi dicha, pues gano en un punto mesmo el más verdadero amigo y el más valeroso deudo.
Ana	Bien merece tanto amor la mano y alma.
Chichón	Y con esto puede Fernando en albricias darme perdón de mis yerros.
Fernando	Yo los perdono, con ser tan grandes, por ver si puedo obligar así al senado a que perdone los nuestros.

Fin de la comedia

Libros a la carta

A la carta es un servicio especializado para
empresas,
librerías,
bibliotecas,
editoriales
y centros de enseñanza;
y permite confeccionar libros que, por su formato y concepción, sirven a los propósitos más específicos de estas instituciones.

Las empresas nos encargan ediciones personalizadas para marketing editorial o para regalos institucionales. Y los interesados solicitan, a título personal, ediciones antiguas, o no disponibles en el mercado; y las acompañan con notas y comentarios críticos.

Las ediciones tienen como apoyo un libro de estilo con todo tipo de referencias sobre los criterios de tratamiento tipográfico aplicados a nuestros libros que puede ser consultado en Linkgua-ediciones.com.

Linkgua edita por encargo diferentes versiones de una misma obra con distintos tratamientos ortotipográficos (actualizaciones de carácter divulgativo de un clásico, o versiones estrictamente fieles a la edición original de referencia).

Este servicio de ediciones a la carta le permitirá, si usted se dedica a la enseñanza, tener una forma de hacer pública su interpretación de un texto y, sobre una versión digitalizada «base», usted podrá introducir interpretaciones del texto fuente. Es un tópico que los profesores denuncien en clase los desmanes de una edición, o vayan comentando errores de interpretación de un texto y esta es una solución útil a esa necesidad del mundo académico.

Asimismo publicamos de manera sistemática, en un mismo catálogo, tesis doctorales y actas de congresos académicos, que son distribuidas a través de nuestra Web.

El servicio de «libros a la carta» funciona de dos formas.

1. Tenemos un fondo de libros digitalizados que usted puede personalizar en tiradas de al menos cinco ejemplares. Estas personalizaciones pueden ser de todo tipo: añadir notas de clase para uso de un grupo de estudiantes, introducir logos corporativos para uso con fines de marketing empresarial, etc. etc.

2. Buscamos libros descatalogados de otras editoriales y los reeditamos en tiradas cortas a petición de un cliente.

www.ingramcontent.com/pod-product-compliance
Lightning Source LLC
LaVergne TN
LVHW041256080426
835510LV00009B/755